SALLY JONES
Rhodd Duw i Charles

Sally Jones
Rhodd Duw i Charles

Gwen Emyr

GWASG EFENGYLAIDD CYMRU

ⓑ Gwasg Efengylaidd Cymru, 1996 ©
Argraffiad cyntaf 1996
ISBN 1 85049 124 0

Darlith Flynyddol Llyfrgell Efengylaidd Cymru am
1995 yw cynnwys y llyfr hwn. Fe'i traddodwyd yn
ystod Cynhadledd Flynyddol Mudiad Efengylaidd
Cymru yn Aberystwyth, Awst 1995.

Y clawr blaen:
Hen gartref Thomas Charles a Sally, yn Y Bala
Y clawr cefn:
Eglwys Llanycil, ar lan Llyn Tegid, Y Bala
Daw lluniau'r clawr blaen a'r clawr cefn o ail gyfrol
Y Tadau Methodistaidd, 1897

Clawr a dylunio: Rhiain M. Davies (Cain)

Cyhoeddwyd gan Wasg Efengylaidd Cymru,
Bryntirion, Pen-y-bont ar Ogwr CF31 4DX
Argraffwyd gan Biddles Ltd., Guildford

Cynnwys

Diolchiadau

Hoffwn ddiolch i Lyfrgell Efengylaidd Cymru a Mr E. Wyn James am y gwahoddiad i baratoi'r ddarlith hon. Bu Mr Gerallt Wyn Davies yn gefnogol iawn a chefais awgrymiadau ac arweiniad gwerthfawr gan y Parch. Ddr R. Tudur Jones. Diolchaf hefyd i'r Athro R. M. Jones am ei gymorth hael, ac mae fy nyled hefyd i Mr R. G. Prichard o Lyfrgell Prifysgol Cymru, Bangor, ac i Mr Dafydd Ifans o'r Llyfrgell Genedlaethol. Y mae fy niolch i'm chwaer, Mrs Rhiain Mair Davies, am y gwaith dylunio ac i Miss Mair Jones a'r Parch. Edmund Owen am y gwaith cysodi a chywiro. Bu Mr Ifor Owen, Llanuwchllyn, Mrs Siân ap Dewi a Mr Einion Thomas, Archifydd Sir Feirionnydd, hwythau'n barod iawn eu cymwynas a chefais gymorth golygyddol amhrisiadwy gan fy ngŵr, John Emyr.

Cyflwynaf y cyhoeddiad hwn i'm rhieni, y Parch. a Mrs J. Elwyn Davies, gan ddiolch iddynt am eu cymorth a'u cefnogaeth drwy'r blynyddoedd ac am fod yn esiampl ac ysbrydoliaeth.

GWEN EMYR

Sally Jones
Rhodd Duw i Charles

Hoffwn ddechrau drwy ofyn cwestiwn amlwg: Pam astudio bywyd a chyfraniad Sally Jones o'r Bala? O blith holl ferched ein gorffennol sy'n haeddu ein gwerthfawrogiad am eu cyfraniad i hanes ein gwlad, pam Sally Jones a beth yw ei harwyddocâd i ni heddiw? Gallaf ddychmygu ambell un yn awgrymu'n dawel mai hanes bywyd a chyfraniad ei gŵr, Thomas Charles (1755-1814), y dylem ni fod yn ei astudio. Wedi'r cyfan, ganddo ef y cafwyd y cyfraniadau mawr i hanes y ffydd yng Nghymru yn ei ddydd. Ef (ynghyd â'i gyfaill Thomas Jones, Dinbych) oedd arweinydd y Method-istiaid ar ôl marwolaeth Daniel Rowland yn 1790 a Phant-ycelyn yn 1791. Thomas Charles a wnaeth y cyfraniad mawr i hanes yr Ysgol Sul a'r Gymdeithas Feiblaidd Brydeinig a Thramor; ac o law Thomas Charles y daeth llyfrau dylan-wadol fel yr *Hyfforddwr* a'r *Geiriadur*, heb anghofio fersiwn diwygiedig o'r Beibl sydd, yn ôl yr arbenigwyr, yn gyfraniad pur hynod i hanes y Gymraeg.[1] Ac onid Thomas Charles oedd y gŵr yr arferai ein prif emynyddes, Ann Griffiths, gerdded gyda'i chyd-bererinion o Lanfihangel-yng-Ngwynfa i'r Bala i dderbyn y cymun o'i law?[2]

Ef a wnaeth y cyfraniadau mawr, a chan nad oes ar gael heddiw, hyd y gwyddom, un llun na phortread o Sally Jones na chofiant iddi na thoreth helaeth o gyfeiriadau ati yn yr amrywiol ymdriniaethau ar fywyd a gwaith Thomas Charles, pam y dylem ymdrafferthu i sôn amdani hi? Yn y *Bywgraff-iadur*, dim ond cyfeiriadau prin a moel a gewch chi, a hynny am ei bod hi'n wraig i Thomas Charles. Ceir cyfeiriadau at eu cyfarfyddiad, eu priodas, eu marwolaeth a'r plant a gawsant, a gallech gamdybio weithiau nad oedd hi'n bod ar wahân i gerrig milltir o'r fath. Beth, tybed, yw'r rheswm am hyn? Wel, yn syml, merch oedd hi, ac nid oedd yn arfer yn ei dyddiau hi (na than yn gymharol ddiweddar) roi sylw cymesur a theg i gyfraniad merched yn ein hanesyddiaeth ysbrydol na seciwlar. Ond fe gawn gyfeiriadau achlysurol ati hithau. Ac, o gofio'r duedd i ysgrifennu cofiannau am ddynion yn unig, y mae'r cyfeiriadau achlysurol hynny yn rhai dadlennol a llawn arwyddocâd.[3] Yn y cyswllt hwn, hoffwn bwysleisio ein bod yn eithriadol ddyledus i'r hanesydd manwl D. E. Jenkins am groniclo llawer o hanes Sally Jones, yn ogystal â Thomas Charles, yn nhair cyfrol swmpus ei gofiant i Thomas Charles.[4]

Stori dda

Pam, felly, y dylem ni sôn amdani hi? Un rheswm yw hyn: fod yma stori dda i'w hadrodd, a honno'n stori am garwriaeth hynod. Dyma'r prif ffeithiau.

Cafodd Thomas Charles (1755–1814), a hanai o Sir Gaerfyrddin, ei ordeinio'n ddiacon ar 14 Mehefin 1778, yn Rhydychen. Ac er ei fod wedi cael curadaeth yng Ngwlad yr Haf, nid oedd disgwyl iddo ddechrau ar ei wasanaeth yno cyn y Nadolig. Felly, gan fod ganddo amser ar ei ddwylo, fe wnaeth Simon Lloyd (un a ddaeth yn gyfaill iddo tra oedd yn astudio yn Rhydychen) ei wahodd i aros yn ei gartref, Plas-yn-dre, yn y Bala. Yn ystod yr haf hwnnw, yn 1778, y gwelodd Thomas Charles, am y tro cyntaf, y ferch y clywodd sôn amdani o'r blaen, chwe blynedd ynghynt yng Nghaerfyrddin.[5] Ac yn ôl ei dystiolaeth ei hun, ni chafodd ei siomi. Ysgrifennodd ei lythyr cyntaf ati ar 28 Rhagfyr 1779. Yn hwnnw y mae'n gofyn iddi ysgrifennu ato hyd nes deuai cyfle iddynt gyfarfod. Atebodd Sally ei lythyr, er mawr foddhad i'r gŵr ifanc pedair ar hugain oed.

Gobaith mawr Thomas Charles oedd y byddai'n cael gwasanaethu Eglwys Loegr wedi iddo adael Gwlad yr Haf, a dod i'r Bala i fyw. Felly, ar 23 Mehefin 1783, gadawodd Milborne Port, gan gredu—beth bynnag fyddai'r canlyniad—mai ewyllys Duw oedd iddo wneud hynny. Priododd y ddau ddeufis yn ddiweddarach, ar 20 Awst. Yr oedd Thomas Charles wedi hyderu y câi ofalaeth eglwysig rywle yng nghyffiniau'r Bala. Ond cafodd ei siomi, oherwydd fe'i gwrthodwyd gan dair eglwys yn y cylch, sef eglwysi Llangynog, Llandegla a Bryn Eglwys, a Llanymawddwy. O ganlyniad, cynghorwyd ef gan ei gyfeillion yn Lloegr i adael Cymru, ac un o'r cynghorwyr hynny oedd neb llai na John Newton, yr emynydd enwog. Ond, yng ngeiriau'r Dr R. Tudur Jones, 'nid felly y darllenai Thomas Charles yr arwyddion o gwbl. Ac yn sicr, nid felly yr oedd ei wraig yn eu darllen chwaith. O hyn allan, Cymru—a gogledd Cymru'n arbennig—fyddai maes ei weinidogaeth.'[6] Y mae'n ddiddorol sylwi, yn y cyd-destun hwn, fod Thomas Charles wedi dangos awydd i wasanaethu ei gyd-Gymry, drwy gyfrwng y gair printiedig, yn gynnar iawn yn ei hanes. Yn ddyn ifanc ugain oed, yn 1775, y flwyddyn yr aeth i Rydychen, cyfieithodd anogaeth ar ffurf cyffelybiaeth o fyd masnachwyr aur, gan y pregethwr efengylaidd Rowland Hill, a'i gyhoeddi yng ngwasg John Ross yng Nghaerfyrddin.[7]

Yn dilyn y gwrthodiad o du yr Eglwys Sefydledig, y canlyniad fu i Thomas Charles fynd gyda Sally i Seiat y Methodistiaid yn y Bala, ar nos Wener, 2 Gorffennaf 1784, a dechreuodd bregethu gyda'r Methodistiaid oddeutu deufis yn ddiweddarach. Dyma, felly, ddechrau'r bartneriaeth driphlyg arbennig rhwng Sally, Thomas Charles a'r Methodistiaid Calfinaidd yn y Bala—partneriaeth a barodd hyd farwolaeth y ddau ym mis Hydref 1814.

Cefndir Sally

Pwy oedd Sally? Gadewch inni edrych am ychydig ar ryw-
faint o'i chefndir. Merch i siopwr o'r Bala oedd hi. Ganwyd
hi ar 12 Tachwedd 1753. Enw ei thad oedd David Jones, a bu
ef farw, mae'n debyg, pan oedd Sally oddeutu chwech oed
(tua diwedd 1759).[8] Yna, pan oedd Sally yn wyth a hanner
oed, ailbriododd ei mam â Thomas Foulkes (1731-1802) ar 18
Mai 1761. Yr oedd ef yn un o ddychweledigion John Wesley,
ond fe wnaeth ei gartref ysbrydol gyda'r Methodistiaid
Calfinaidd. Deuai Thomas Foulkes o Landrillo, Sir Feirion-
nydd, ac yr oedd yn fab i ffarmwr. Yn ddi-os, yr oedd gan
Sally feddwl uchel iawn ohono. Fel hyn y dywed amdano ar
ddiwedd ei llythyr cyntaf at Thomas Charles ar 17 Ionawr
1780:

> Gyda'ch caniatâd, dangosais eich llythyr i'm tad. Y mae ef a
> mam yn ymuno mewn parch cyfeillgar a chariad tuag atoch.
> Credaf fod fy nhad druan yn Israeliad yn wir, yn yr hwn nid
> oes dwyll. Y mae ef, yr anwylaf o feidrolion, yn meddwl
> popeth didwyll.[9]

Cefndir teuluol a chymdeithasol

Ar ochr ei thad, yr oedd Sally yn wyres i John Evans, (iwmon),
Maes y Tryfar, ffarm wrth droed Moel Yspri, gyferbyn â
Mwynfeydd Aur Clogau, Plwyf Llanelltyd (tua phedair mill-
tir o Ddolgellau, ar y llaw dde, ar y ffordd sy'n arwain i'r
Bermo). Bu'r ffarm yn nwylo'r teulu am nifer o genedlaeth-
au. Arferiad sawl rhan o Ogledd Cymru oedd i gyfenwau'r
plant ddilyn cyfenw morwynol y fam, neu enw cyntaf y tad:
John Evans › David Jones › Sally Jones. Felly, mae John Evans,
y taid, yn rhoi David Jones i ni, a Sally ei ferch yn dwyn yr un
cyfenw, sef Jones, sy'n digwydd bod hefyd yn gyfenw i'w

mam, Jane Jones. Ar ochr ei mam, roedd hi'n wyres i Richard Jones (iwmon), Bryn y Gath, ffarm rhyw 303 acer, ym mhlwyf Trawsfynydd, Sir Feirionnydd, oddeutu chwe milltir o Drawsfynydd. Dywed D. E. Jenkins fod y dogfennau niferus a oedd o'i flaen wrth iddo gofnodi'r hanes yn ei arwain i gredu bod gan Richard Jones ddiddordebau niferus a gallu fel gŵr busnes—er nad oedd o angenrheidrwydd yn ŵr cyfoethog. Ganwyd tair merch iddo ef a'i wraig, a ddygai'r cyfenw Douce, ac enwau'r tair oedd Jane, Sarah, ac Anne. Cyn priodas Jane Jones a David Jones, ar 20 Ebrill 1737, gwnaed cytundeb priodasol rhwng y ddau deulu, a darllenwn:

> The agreement bound Richard Jones to give David Jones the sum of £50, as his daughter's dowry, and John Evans to pay £100, as his son's portion of the father's substance . . .[10]

Pan anwyd Sally, un mlynedd ar bymtheg yn ddiweddarach, ar ddydd Llun, 12 Tachwedd 1753, cafodd ei henwi yn Sarah ar ôl ei modryb Sarah o Fryn y Gath, a bedyddiwyd hi yn Sarah Jones ar y dydd Sul canlynol (18 Tachwedd 1753), yn fuan ar ôl ei genedigaeth, yn ôl arfer y cyfnod. Hi oedd unig blentyn ei rhieni, a phan dyfodd yn hŷn, ei gwaith o ddydd i ddydd oedd gofalu am y siop, teithio i'r ffeiriau, prynu a gwerthu nwyddau, goruchwylio gwaith y gweision a'r morynion a thalu biliau.[11] Felly, cynorthwyo Thomas Foulkes a'i mam yn y siop a'r ffair a wnâi Sally cyn ei phriodas, a pharhaodd y cysylltiad am flwyddyn neu ddwy wedyn. Yna, yn raddol, daeth perchnogaeth y siop iddi hi. Sut y digwyddodd hynny? Yn 1785 bu farw ei mam, ac yn 1787 priododd Thomas Foulkes ei drydedd wraig, sef ffrind mawr Sally, ac un y cyfeirir ati yn aml iawn yn yr ohebiaeth rhwng Sally a Thomas Charles—Lydia Lloyd o Blas-yn-dre, y Bala, oedd yn chwaer i Simon Lloyd, sef y cyfaill a fu'n gyfrifol am wahodd Thomas Charles i'r Bala yn ystod yr haf hanesyddol hwnnw yn 1778.

Felly, yn ddisymwth, dyma un a fu'n ffrind agos i Sally— yn un a fu'n rhannu cyfrinachau â hi—yn wraig i'w llystad, ac nid oes rhaid inni ddyfalu llawer i weld y gallai hon fod wedi bod yn sefyllfa chwithig i Sally. Beth bynnag am hynny, roedd gan Thomas Foulkes feddwl uchel o'i lysferch. Parchai ei doniau hi fel gwraig fusnes, a rhag iddo ei drygu mewn unrhyw fodd drwy ddechrau busnes tebyg a fyddai'n gystadleuaeth iddi hi yn y Bala, symudodd i Fachynlleth i sefydlu siop arall yno.[12]

Cafodd Thomas Charles a Sally dri o blant. Dim ond y meibion a grybwyllir yn y *Bywgraffiadur*, gan i unig ferch y ddau, Sarah, neu Sally fel ei mam, farw cyn iddi fod yn llawn flwydd oed. Enw'r ddau fab oedd Thomas Rice Charles, a fedyddiwyd yn eglwys Llanycil, 6 Mehefin 1785,[13] a David Jones Charles a anwyd yn Hydref 1793. Tua diwedd 1808, derbyniodd Thomas Rice Charles y cyfrifoldeb am y busnes ar y cyd â'i fam, ond ym mis Mai 1810 ymddeolodd Mrs Charles, a daeth y bartneriaeth i ben.[14] (Dyma pryd y symudodd Thomas Charles a hithau i dŷ arall i fyw, ond ni wnaethant symud ymhell iawn—dim ond drws nesaf!)

Tref y Bala

Sut le oedd y Bala yn ystod y cyfnod hwn? Mae'n briodol inni ystyried y cwestiwn er mwyn inni allu amgyffred cefndir bywyd Sally Jones. Yn ystod y ddeunawfed ganrif, fe ffynnodd y dref fel canolfan fasnach wlân—yn cynhyrchu sanau yn arbennig—ac yn ganolfan o gryn bwys yng Ngogledd Cymru.[15] Roedd y Bala yng nghanol twf economaidd, a'r economi wledig heb gael ei heffeithio hyd hynny gan y Chwyldro Diwydiannol a oedd wedi gwreiddio yn Lloegr ac mewn rhannau eraill o Gymru. Cymdeithas o nyddwyr, gwehyddion a ffermwyr a gaed ym Meirionnydd y cyfnod, a'r Bala yn ganolfan fasnachol lle y cynhelid marchnad bob bore Sadwrn.[16] Y math o nwyddau a werthid yno oedd sanau gwlân, menig, wigiau, sanau ac eitemau bychain eraill wedi eu gwau, heb anghofio cynnyrch y ffarm.[17]

Yn ystod bywyd Sally, rhwng 1753 a 1814, fe dyfodd poblogaeth y Bala yn sylweddol.[18] Ni cheir cyfrifiad i'n helpu tan 1801. (Yn y flwyddyn honno cafodd tref y Bala ei chyfuno â Llanycil.) Erbyn 1821, fodd bynnag, roedd y Bala yn cael ei chyfrif yn dref fechan ar wahân, a chyfanswm ei phoblogaeth yn 1,163.[19]

O safbwynt trafnidiaeth, pan oedd Sally'n ferch ifanc, aethpwyd ati—yn ystod ail hanner y ddeunawfed ganrif—i wella cyflwr y ffyrdd, ac yn 1775, ffurfiwyd cwmni i gyflawni'r gwaith hwnnw. Yn yr un flwyddyn, caed gwasanaeth coets fawr am y tro cyntaf ym Meirionnydd i redeg rhwng Abermaw a Chorwen. Enw'r goets, a redai'n rheolaidd drwy'r Bala, oedd *Owain Glyndŵr*.[20]

Yn gymdeithasol, roedd y Bala, yn y cyfnod dan sylw, yn gymuned draddodiadol iawn a chlòs, a'r diwydiant gwau yn cael lle canolog. Sylwodd Thomas Pennant fod yno: 'women and children, and sometimes men, busily knitting on the roadside, while families assembled in each other's houses and carried on their knitting by the fireside.'[21]

Yn grefyddol ac ysbrydol, disgrifir y Bala yn lle digon marwaidd, heb lawer yn rhoi bri ar y Beibl a phethau tragwyddol. Ond dechreuodd seiat Fethodistaidd gyfarfod yno yn 1745, yn dilyn ymweliad Howel Harris â'r dref yn 1741 pryd y dioddefodd, dan law erlidwyr y dref, yr ymosodiad gwaethaf a gafodd drwy'i fywyd.[22]

Aeth 12 mlynedd heibio cyn i'r Methodistiaid cynnar fentro codi eu capel cyntaf, yn 1757, pan oedd Sally oddeutu pedair oed. Helaethwyd y capel hwnnw yn 1782, pan oedd Sally yn 29 oed, ac oddeutu blwyddyn cyn ei phriodas.

Helaethwyd y capel ymhellach yn 1792, ac yn 1809, yn amser Thomas Charles, tynnwyd yr hen gapel i lawr, ac adeiladwyd un newydd yn ei le.[23]

Blodeuyn Gwynedd dir

Ond sut berson oedd Sally Jones? Cawn awgrymiadau gwerthfawr mewn cerdd a anfonodd Williams Pantycelyn ati yn 1776 (pan oedd hi'n 23 oed)—dros ddwy flynedd cyn iddi gyfarfod â Thomas Charles.[24] Mae'n amlwg o'r penillion hyn fod gan ein pennaf emynydd feddwl uchel iawn ohoni. Mae hon yn gerdd mewn 23 phennill a ddaeth yn hynod o rwydd i Bantycelyn, yn ôl ei gyfaddefiad ef ei hun.[25] Dyma flas yn unig o'r gerdd ddadlennol honno:

> Fy awen hedeg bellach ar aden awel bur,
> Enynnwch fy serchiadau i yn fflam o gariad pur,
> I ganmawl, a chynghori y ferch hawddgaraf sydd
> O Wrecsam bell i Henlli, o Fangor i Gaerdydd.

> Ble neb trwy holl dir Gwynedd fel y gareiddiaf ddyn?
> Deithiasai trwy rym dyfroedd im cwrdd i adre Llŷn?
> Ple chwaer, ple fam, ple famaeth, mwy tirion a mwy ffri?
> Ple ffrind i ffrind yn un lle fel Sally fach i mi?

> Mae'n cydymdeimlo'n dirion â'm natur lesg ddi-rym,
> Mae'n dala'm baich yn ddiddig fyth fyth heb rwgnach dim;
> Mae'n forwyn ystig dyner, blodeuyn Gwynedd dir,
> A'i doniau oll yn tarddu i maes o gariad pur.

> Os llawen fi a diddig, pur lawen fyddai hi,
> Rhyw gynnydd o'i chysuron oedd fy niddanwch i;
> Fy iechyd, a fy llwyddiant, a'm gweinidogaeth oedd
> Yn dodi ysbryd Sally yn hyfryd wrth ei fodd.

Gwyn fyd y dyn a'th gaffo, efe gaiff fwy i'w ran
O lawer na thrysorau Borneo na Japan;
Caiff wyryf bur synhwyrol, rasol, garïaidd, wiw;
Dymherus, ag mor laned ag un a greodd Duw.

Gwelwn oddi wrth y llinellau hyn fod yna le cynnes yng
nghalon Pantycelyn i Sally. Nid oedd yn fodlon ar gael ei
chynghori yn unig: roedd hefyd yn awyddus i'w chanmol, a
hynny gyda chymorth y radd eithaf. Hi, yn ei farn ef, yw'r
chwaer hawddgaraf yng Nghymru i gyd, ac mae'n edmygu
ei chymwynasgarwch, ei charedigrwydd, ei thiriondeb a'i
chyfeillgarwch. Sylwn, yn arbennig, ar yr ansoddair 'ystig'
sy'n golygu ei bod yn ferch oedd yn llawn dyfalbarhad. Yr
oedd hi'n barod i ymdrechu a dal ati. Mae penillion Pant-
ycelyn yn dangos inni hefyd ei bod hi'n ferch a fuasai'n
cydymdeimlo'n llawn ag un o arweinwyr cenhedlaeth gyn-
taf y Methodistiaid: nid oedd dim yn ei phlesio'n fwy na
llwyddiant a llawenydd un o'r tadau hynny. Drwy lygaid
Pantycelyn, gwelwn fod Sally yn ferch o ras, a gafodd ddogn
helaeth o synnwyr cyffredin, cydbwysedd a phrydferthwch.
Felly, mae'n dymuno'r gorau iddi, ac yn gobeithio y caiff hi
ŵr o galibr—ac fe gafodd hynny, ar ei ganfed, yn Thomas
Charles. Ond nid ar chwarae bach y daeth hynny i'w rhan,
fel y cawn weld.

Meddai Gomer M. Roberts, yn ei gyfrol ar Bantycelyn, *Y
Pêr Ganiedydd:*

> . . . dywedir ei fod yn awyddus un amser i'w chael yn ferch-
> yng-nghyfraith,—yn wraig i John ei fab. Nid yw hynny'n beth
> i synnu ato, canys merch ragorol oedd Sally Jones a gallai
> unrhyw ddyn fod yn falch ohoni fel gwraig.[26]

Fe welwn oddi wrth y penillion uchod fod gan Sally ddoniau
arbennig i estyn croeso i'r rhai hynny a fyddai'n ymweld â'i

chartref hi a'i rhieni, a hynny ymhell cyn iddi briodi Thomas Charles. Ac wrth inni feddwl am ei mam, a'i doniau di-amheuol hithau, fe gawn enghraifft drawiadol, yn hanes Sally, o ferch a gafodd fam dda, heb anghofio wrth gwrs ei llystad diwyd, Thomas Foulkes. Fe wnaeth hynny brofi'n fendith fawr iddi hi a llawer iawn o bobl eraill, ac arfer da y cartref lle y magwyd hi yn cael ei fabwysiadu ganddi hithau maes o law.

Perthnasol yma, felly, yw cyfeirio at benillion coffad-wriaethol i'w mam, Jane Jones, neu'n hytrach Siân Jones fel y gelwid hi, a ysgrifennwyd gan ŵr a oedd yn ei hadnabod yn dda, sef William Evans, Fedw Arian. Disgrifia ef Siân fel un o ddychweledigion cynnar Howel Harris, ac un o'r ychydig dewr a safodd yn gadarn yn wyneb erledigaeth yn y dyddiau cynnar yn y Bala. Cawn sawl cyfeiriad at ei charedigrwydd a'i haelioni anghyffredin,[27] yn arbennig adeg y Sasiwn yn y dref. (Cynhaliwyd y Sasiwn gyntaf yn y Bala yn 1760.) Er enghraifft:

> Byddai y Bala yn gyrchfan tyrfaoedd mawrion i'r cymdeith-asfaoedd, a'r cymanfaoedd ysgolion, ac i'r cymundeb pen mis, ac ar achlysuron o'r fath byddai ei dŷ ef wedi ei orlenwi a dieithriaid. Yr oedd Mrs. Charles mor lettygar ag yntau. Byddai ei mam, sef Jane Jones, Bala, yn arfer rhoddi ymborth i gymaint a chwe chant ar adeg y Gymdeithasfa, ac amlwg yw fod ei merch a'i mabynghyfraith enwog yn ddilynwyr teil-wng o honi yn y peth hwn.[28]

Dyma ran o'r farwnad (52 pennill) gan William Evans:

> Treuliodd ac ymdreuliodd beunydd,
> Tra bu byw yng ngwaith yr Arglwydd;
> Yn ddi-flino iawn heb ddarfod,
> Tra parodd dyddiau'i phererindod.

Duw roes iddi galon barod,
A'r un modd i'w hannwyl briod,
Aberthasant ddyddiau'u bywyd,
At achos Duw ynghyd â'u golud.

Hynod oedd hi tra bu yma,
Am dosturio wrth y dyrfa;
Rhai a oedd yn dyfal wrando,
Rhag eu llwgu wrth drafaelio . . .

Addewid Duw mai'r meibion fyddai,
Yn ei gyfamod yn lle'r tadau;
Fe all yr Arglwydd yr un ffunud,
Roi'r Merched yn lle'r Mamau hefyd.

I ddilladu'r bobl noethion,
Erbyn y tymhorau oerion;
Hen arferiad ag oedd yno,
Ers blynyddoedd maith aeth heibio.

Hi, a'i phriod a gytunai,
I fynd yn fynych ar eu gliniau;
I ryw dŷ oedd ar eu meysydd,
I weddïo ar yr Arglwydd.

A phan fyddent yno'n myned,
O sŵn y byd a'i holl greaduriaid;
Duw a rôi er eu boddlondeb,
Llawer iawn o'i bresenoldeb.

Ei hunig ferch ofynnodd iddi
Am y gobaith ag oedd ynddi;
Ei hateb hithau oedd yn barod,
Mai tawel ydoedd ei chydwybod.

Yn ddiamheuol, cafodd Sally fam dduwiol a roddai le i weddi er ei bywyd prysur yn gofalu am y siop, ac un a oedd yn eithriadol letygar. Diddorol yw'r disgrifiad o Thomas Foulkes a hithau yn neilltuo man arbennig lle yr arferent fynd i weddïo gyda'i gilydd.

Yn yr un daflen ceir cywydd marwnad i Jane Jones, mam Sally, gan Thomas Hughes, ac mae'r gerdd yn ymestyn am 114 llinell. Y mae'r gerdd honno hefyd yn ei chanmol yn wresog, ac, er inni gofio'r elfen o glod confensiynol a geir mewn marwnadau megis yn nhraddodiad y canu mawl, y mae'r clod yn yr achos yma wedi'i osod ar sylfaen ffeithiol sy'n cynnwys cyfeiriad arwyddocaol iawn at gyfraniad mawr Jane Jones fel un o aelodau Seiat gynharaf y Methodistiaid Calfinaidd yn y Bala. Gall y bardd gyfeirio'n argyhoeddiadol at y galar cyffredinol ar ei hôl:

> Pob aelod, pawb a wylant,
> Heddiw ar ôl siriol sant.

Ac ni ellir gadael mam Sally heb orffen gyda'r hyn a ddywed un arall a ganodd farwnad iddi, sef William Davies, sy'n sôn yn un o'i benillion am eu cartref yn llawn hyd yr ymylon adeg y cyfarfodydd mawr yn y Bala:

> Wedi derbyn myrdd o wobrau
>   Am y myrdd o seigiau llawn,
> Rodd hi i'r pregethwyr ffyddlon,
>   Oedd yn paso o foreu a nawn.

> Chwe chant leia oedd hi'n fwydo
>   Bob ryw Asosiasiwn fawr;
> Gwŷr a gwragedd, meibion, merched,
>   Llanw'r llofft, a llanw'r llawr.[29]

Y Llythyrau

Er gwaethaf y ffaith fod y deunydd sydd ar gael am Sally mor brin a gwasgaredig, rhaid brysio i ychwanegu bod y llythyrau yng nghyfrolau D. E. Jenkins yn ffynhonnell heb ei hail i roi golwg inni ar ei meddyliau a'i chymeriad. Er nad oes gennym ddarlun o'r ferch allanol, mae'r llythyrau, ynghyd â sylwadau D. E. Jenkins, yn rhoi i ni bortread clir iawn o'r ferch ei hun. Yn y cyfrolau hyn ceir cofnod llawn o lythyrau Thomas Charles at Sally a'i llythyrau hithau ato ef. A phrif destun y llythyrau hyn, i raddau helaeth iawn, yw'r efengyl.[30] Yr is-destun yw ymgais daer a llwyddiannus Thomas Charles i'w hennill hi'n wraig.[31]

Yr oedd y ddau, yng nghyfnod y llythyru, yn byw cryn bellter ar wahân—taith oddeutu pedwar diwrnod ar gefn ceffyl, yn ôl D. E. Jenkins.[32] Roedd Thomas Charles newydd gael ei ofalaeth eglwysig gyntaf i lawr yng Ngwlad yr Haf, ar ôl iddo raddio yng Ngholeg Iesu, Rhydychen, ac roedd Sally Jones yn byw yn Stryd Fawr y Bala, yn helpu ei mam a'i llystad i ofalu am yr hyn a elwir yn Siop y Bala.[33]

Yr oedd y ddau yn byw ymhell oddi wrth ei gilydd, a hynny mewn cyfnod pan oedd teithio'n gallu bod yn gryn faich. Cwynai Charles am y 'pellter anhapus' rhyngddo ef a hi, ac meddai yn un o'i lythyrau, 'O na bawn i yn y Bala gyda Sally bach!'[34] Gan eu bod ymhell ar wahân, bu'n rhaid iddynt lythyru â'i gilydd am dros dair blynedd a hanner. A thrwy ofal Rhagluniaeth, mae'r ohebiaeth hon wedi ei chadw i ni hyd heddiw. Golyga hyn fod gennym feddyliau Sally Jones, yn ogystal â rhai Thomas Charles, ar gof a chadw. A phan ystyriwn, mae hyn yn drysor arbennig, gan fod cynnwys y llythyrau yn rhoi cipolwg i ni, ar y naill law, ar fywyd yng nghefn gwlad Cymru yn chwarter olaf y ddeunawfed ganrif ac, ar y llaw arall, yn rhoi golwg fewnol inni ar effaith y Diwygiad Methodistaidd ar fywyd dau unigolyn a fyddai maes o law yn chwarae rhan arweiniol a dylanwadol ym mywyd crefyddol Cymru eu dydd.

Cryfder llythyr fel tystiolaeth wreiddiol yw ei fod yn ffurf onest iawn, heb unrhyw ymgais i greu argraff ar y cyhoedd. Ffurf breifat ydyw, lle mae dau yn cyfleu eu meddyliau mwyaf personol a chysegredig wrth ei gilydd. Ac wrth ddarllen tair cyfrol D. E. Jenkins, teimlwn ein bod yn cael braint arbennig yn darllen meddyliau a theimladau dau a gafodd ran ganolog yng ngwaith Duw yn eu dydd, a chael cip hefyd ar yr ymdrech feunyddiol o ddydd i ddydd oedd yn wynebu Cristnogion y cyfnod. Gwelwn yn fwyaf arbennig yr olwg isel oedd gan y ddau arnynt eu hunain fel dau oedd yn dibynnu'n llwyr ar drugaredd Duw.

Beth, felly, ar sail y dystiolaeth ysgrifenedig, y gellir ei ddweud am gymeriad Sally? Y gwir amdani yw fod nifer o eiriau yn angenrheidiol i'w disgrifio'n llawn. Dyma rai sy'n codi o'r dystiolaeth. Roedd hi'n gwbl ddiffuant ym mhethau'r ffydd. Roedd ganddi ddoniau busnes arbennig ynghyd â synnwyr cyffredin, harddwch a gwyleidd-dra dirodres.[35] Roedd hi'n ddeallus, yn ddiwyd ac yn ddarbodus.[36] Roedd hi hefyd yn berson geirwir a hwyliog oedd yn meddu ar synnwyr digrifwch. Câi ei charedigrwydd fynegiant drwy ei hymweliadau â'r tlodion, y cleifion a'r gweddwon yn y gymdeithas o'i chwmpas yn y Bala.[37] A chawn sawl prawf o'i harfer o anfon rhoddion at Thomas Charles yn ei alltudiaeth bell yng Ngwlad yr Haf. Tystiai ef mor werthfawrogol ydoedd o'r rhoddion hynny. Llanwent ei galon â llawenydd, meddai, a phrin iawn fyddai cysuron ei fywyd hebddynt.[38] Ar ddiwedd sawl llythyr ceir cyfeiriad at roddion a anfonir at gyfaill, e.e. ysgyfarnog,[39] menyn, a sanau. Gyda llaw, siop gwerthu dillad a bwyd oedd ganddi hi a'i mam a'i llystad yn y Bala,[40] ac yn sicr fe hwylusodd hynny ei gallu a'i hawydd i helpu eraill.

Dywed am ei hagwedd at hapusrwydd: 'Y mae rhai yn ei geisio mewn cyfoeth ac eraill mewn anrhydeddau; ond pethau darfodedig yw'r rhain, ac yn ehedeg ymaith yn wastadol fel y dywedodd Doctor Watts:

> Glittering stones, and golden things,
> Wealth and honour that have wings
> Ever fluttering to be gone
> I could never call my own.'[41]

Mae'r llythyrau yn frith o enghreifftiau o haelioni Thomas Charles a Sally ar ôl iddynt briodi. Er enghraifft, mewn un man ceir disgrifiad o arfer Thomas Charles o roi ei gôt i'r tlawd, yn sicr y câi ef un arall gan ei wraig garedig: 'Mae gennyf y llawenydd o adnabod llawer sy'n caru'r Arglwydd Iesu Grist yn ddidwyll; a llawer ohonynt yn dlawd. Fwy nag unwaith cymerais fy nghôt fawr oddi ar fy nghefn i orchuddio eu haelodau noethion yn oerfel y gaeaf, a mynd at Mrs Charles i gael un arall. Ni chaf anhawster i ddosbarthu eich cyfraniadau hael yn ôl eich dymuniadau.'[42] Sôn y mae Thomas Charles yma am gyfraniadau at Gymdeithas y Beibl y bu'r ddau mor ddiwyd yn ei chefnogi.

Yr ohebiaeth gynnar

Ond gadewch inni graffu ychydig ar yr ohebiaeth rhyngddynt, gan mai dyma'r brif ffynhonnell a rydd syniad inni am gymeriad Sally Jones. Pan ddechreuodd yr ohebiaeth rhwng Thomas Charles a Sally, yr oedd hi yn ansicr iawn ohono ef. Mae brawddegau cyntaf ei llythyr cyntaf hi ato ef (17 Ionawr 1780, yn ateb ei lythyr cyntaf ef ati hi) yn dangos hynny'n glir. 'Yn wir,' meddai, 'mae eich llythyr yn edrych fel rhywbeth rhyfedd i mi. Ni allaf roi fy nghoel ynddo'n llawn nac ychwaith ei daflu ymaith yn ddi-hid. Boed iddo Ef, sy'n gwybod eich amcan wrth ysgrifennu, roddi imi symlrwydd i ateb ac i'r canlyniad fod fel y bo.'[43] Gwelwn yma y nodyn ansicr ac ymholgar a welir yn nifer o'i llythyrau. Yn wir, yr argraff a gawn yw y byddai Sally wedi rhoi'r gorau i'r ohebiaeth ar unwaith, oni bai ei bod hi'n awyddus i gael ei gymorth ef—ei 'Pharchedig Syr', fel y mae'n ei gyfarch—i oresgyn ei hansicrwydd ysbrydol. Cyffesodd yn ei thrydydd llythyr (9 Awst 1780): 'Ofnaf nad oes gennyf wisg briodasol cyfiawnder y Saint, ac y bydd rhaid, yn y Dydd pan fydd yr Arglwydd yn gosod Ei emau, fy niarddel o gynulleidfa y rhai cyntaf-anedig a chael fy rhan gyda'r rhagrithwyr a'r di-gred.' Yna ychwanega, 'Y mae balm yn Gilead a Meddyg yno . . . Hynny fydd fy unig ble er gwaethaf anghrediniaeth gyndyn.'[44]

Er gwaethaf ansicrwydd Sally ynglŷn â'u perthynas, yr oedd Charles, ar y llaw arall, yn bendant iawn o'i gariad tuag ati hi, fel y gwelwn yn y dyfyniad a ganlyn:

Ti yw'r unig berson a welais erioed (a'r unig un y crybwyllais y mater hwn wrthi) y tybiais y gallwn dreulio fy mywyd gyda hi mewn undeb hapus a bendithiol, a'r unig un yr oedd gennyf yr hoffter hwnnw ohoni a'r parch tuag ati ag sy'n angenrheidiol ar gyfer hapusrwydd priodasol . . .[45]

Mynega ef ei fod yn anhapus iawn â'r pellter mawr oedd rhyngddynt—'y pellter anhapus hwn', ond cawn Sally yn ei dau lythyr cyntaf ato yn siarad yn blaen ac yn ddi-flewyn-ar-dafod wrth ddechrau'r ohebiaeth: '. . . Byddech yn f'ystyried yn anniolchgar pe bawn yn dweud wrthych am fy amharodrwydd i wneud hyn [sef ateb ei lythyr]. Oni bai am ufuddhau i'ch cais chwi, byddwn yn meddwl mai distawrwydd fyddai'r ateb gorau.'[46]

Cawn ychydig newid yn ei hagwedd erbyn y chweched llythyr. Sylwa D. E. Jenkins fod Sally yn ennill hyder erbyn hynny. Er ei bod hi'n parhau i gyfarch Thomas Charles gyda'r geiriau 'Barchedig Syr', mae'r diweddglo yn dangos arwydd o dyneru, 'Ydwyf eich cyfaill', yn hytrach na'r cloi ffurfiol a fu'n nodweddu ei llythyrau blaenorol.

Gall Sally fod yn blaen iawn ei thafod a'i meddwl yn ei llythyrau, gan ddangos yn glir ei hamharodrwydd i gael ei gwthio gan unrhyw un i berthynas barhaol â chreadur o ddyn! Ond, yn gymysg â'i gallu i fod yn onest, cawn dinc o hiwmor, fel y gwelwn yn y dyfyniad a ganlyn:

Paid â thwyllo dy gyfeillion ag ymadrodd mor findlws ag 'ymrwymiad â gwraig fonheddig'. Os oes rhaid i ti sôn wrthynt am yr ohebiaeth anesboniadwy hon, dywed wrthynt fod gennyt rywbeth cyffelyb i freuddwyd efo merch o'r wlad yng nghanol bryniau moelion Cymru, a phaid ag addo iddynt unrhyw wybodaeth bellach am y mater, oherwydd fel y dechreuodd bydd yn gorffen yr un mor sydyn.[47]

Dyma enghreifftiau pellach o'i geiriau swta sydd, rhaid cyfaddef, yn gwneud y darllen yn fwy difyr: 'Ni fydd yn ofid imi oni ddeui. Os deui, nid oes achos gennyf i osgoi dy gwmni.'[48] 'Ond ni ddymunwn i ti ddod i'r Bala o'm plegid i. Tueddaf i feddwl y bydd ein cyfeillgarwch yn peidio—a phan roddir heibio'r ohebiaeth hon, cawn beth boddhad o'r ffaith inni gael rhan gyfartal ynddi . . .'[49]

Yn wir, wrth iddi ymateb i fwriad Charles i ddod i'r Bala i'w gweld, pwysleisia Sally fod y pellter sydd rhyngddynt wrth ei bodd: 'Os bydd cwmni Mr Lloyd, a chael gweld dy hen gyfeillion yn y Bala, yn ateb diben dy daith, dymunaf i ti gael y bodlonrwydd hwnnw, ond i ti ollwng y mwgwd a pheidio â honni mwy na hynny. Y mae'n well gennyf ymddiddan â thi o bellter, o'r neilltu ac yn dawel fel hyn, yn hytrach na chael ymwneud personol â thi.'[50]

Ceir hefyd yn ei hatebion elfen o swildod a darddai, efallai, o'i chymeriad, ar y naill law, ac o arferion cymdeithasol ei dydd, ar y llaw arall.[51] Y syndod mawr yw fod Thomas Charles wedi parhau o gwbl â'r ohebiaeth! Yn wir, ei gam nesaf oedd ysgrifennu at ei llystad, Thomas Foulkes, i gael ei gefnogaeth ef, gan wireddu ei eiriau ei hun y byddai'n troi pob carreg cyn y byddai'n ildio.[52] Wedi'r cyfan, yr oedd ganddo gymeriad a hanner i geisio'i hennill. Meddai wrth

Thomas Foulkes: '. . . gan fodloni'r gobaith, â'r hwn y cysuraf fy hun, o gael fy uno ag un sydd, fe gredaf, yn annwyl i chwi, ond yn anhraethol felly i mi . . . Yr wyf yn hapus ac yn wir ddiolchgar nad yw fy llythyrau ati wedi derbyn eich anghymeradwyaeth chwi na Mrs Foulkes.'[53] Cydsyniodd Sally â'r cam hwn yn flaenorol yn yr ohebiaeth. 'Y mae'n meddwl fod ganddo hawl i weld dy lythyrau; does dim modd eu cuddio rhagddo.'[54]

Gall Sally fod yn hwyrfrydig iawn i ateb llythyrau ar adegau, ac o bryd i'w gilydd cawn Thomas Charles yn lleisio'i anfodlonrwydd â'i thawelwch: 'Ni chefais air gennyt ers bron bum wythnos. Yn ystod y cyfnod hwn anfonais atat bedwar llythyr, ac un at Mr Foulkes!—pob un heb eu hateb.'[55] Esbonia ymhellach ei fod yn bwriadu dod i'r Bala yn y gwanwyn gydag un diben, a dim llai na hynny, sef ei phriodi!

Yr oedd Sally yn gwbl bendant mai yn y Bala yr oedd ei lle, ac mae hynny'n esbonio i raddau helaeth iawn ei harafwch i ymateb i gais Thomas Charles ar iddi hi ei briodi a gadael ei chynefin a'i siop am bellafoedd Gwlad yr Haf. Edrychai ar y siop fel talent a roddwyd iddi gan Ragluniaeth. Ar ben hynny, yr oedd yn sicr mai ei dyletswydd oedd gofalu am ei mam a'i llystad, Thomas Foulkes. Er tegwch iddi, bu'n hollol onest â Thomas Charles, ac, fel y gwelsom, ceisiodd ei gorau glas i'w berswadio mai gwell fyddai iddynt dorri pob cysylltiad. Yn bendant, nid oedd hi am adael y Bala: 'Yr wyf yn hollol fodlon mai dyma'r lle a bennwyd ar fy nghyfer i ymdeithio ar y ddaear . . .'[56] Fel y dywed y *Bywgraffiadur*, roedd yn amharod i adael y Bala, ei theulu, ei bywoliaeth a'i Methodistiaeth. Yr oedd felly yn amhosibl iddi symud i Wlad yr Haf nac i unman arall mor bell.

Bu'n hollol onest ac anrhydeddus o'r cychwyn, a cheisiodd berswadio Thomas Charles, yn ei llythyr cyntaf ato, mai gwell fyddai iddynt dorri pob cysylltiad: 'Fy nymuniad yw ar i'r ddau ohonom gael rhyddid llwyr i ollwng yr ohebiaeth pan fyn. Y mae'n debygol, wedi i chwi dderbyn y llythyr hwn, na fydd arnoch eisiau ysgrifennu eto. Ni fydd hynny'n siom i mi.'[57]

Dengys y llythyrau fod gan Sally ddawn arbennig at fusnes, ac roedd edmygedd y gweinidogion a ymwelai â'r Bala yn fawr iawn ohoni. Fel hyn y dywed D. E. Jenkins: 'Yr oedd y frawdoliaeth deithiol a gludai'r efengyl o Dde Cymru i Ogledd Cymru yn cludo yn ôl gyda hwy farn ganmoliaethus iawn am y siop a'r tŷ yn y Bala. Daeth Sally, yn arbennig, yn bwnc clod cyffredinol; yr oedd ei doniau busnes, ei hymarweddiad benywaidd a'i difrifoldeb ym mhethau crefydd yn gwneud argraff ddofn iawn ar y pregethwyr.'[58]

Fel y nodwyd eisoes, dywedir bod gan Bantycelyn feddwl uchel iawn ohoni, a cheir awgrym pendant iddo obeithio y byddai ryw ddydd yn priodi ei fab, 'Jack'. Honnir hefyd i Peter Williams obeithio y byddai hi ryw ddydd yn ferchyng-nghyfraith iddo ef.[59] Gwnaeth Pantycelyn yn fawr o'i gallu i drin arian drwy anfon llyfrau ati i'w gwerthu ar ei ran ef yn ardal y Bala: 'Anfonais atat sypyn bychan gyda William Evans yn cynnwys pum dwsin . . . o emynau ceiniog ar y mesur newydd a elwir Aleluia. Bydd cystal â'u gwerthu hwy ar fy rhan—gelli eu hanfon i gael eu gwerthu gyda rhai o'ch stiwardiaid. Ffarwel unwaith eto fy annwyl Sally.'[60]

Ceir ôl brys weithiau ar lythyrau Sally, ac nid yw hynny'n beth annisgwyl pan gofiwn ei bod yn gweithio oriau meithion. 'Hyd yma bûm yn sgrifennu heno ar y cownter yn y Siop. Er fy mod yn awr wedi ymneilltuo, mae fy meddyliau ar garlam o hyd.'[61]

Dyweddïo

Wrth gytuno o'r diwedd i ddyweddïo, cawn Sally yn cyfaddef ei thuedd yn y gorffennol i drin y cyfan yn ysgafn: 'Y mae'r dyweddïad yma'n fy ngorfodi i osgoi ysgafnder yn fy nghyfathrach â thi, sef y pechod sy'n fy amgylchynu rwyddaf, pechod y credaf imi'n aml dristáu Ysbryd Duw ag ef.'[62] Yr hyn sy'n arwyddocaol iawn wedyn yw ei bod hi'n cael ei bendithio mewn ffordd anarferol wedi iddi gyflwyno'r mater i'w Harglwydd. Dyma ei phrofiad yn ei geiriau hi ei hun: 'Neithiwr meddyliais fod y cymylau wedi gwasgaru ychydig a'm bod yn gweld ychydig o werthfawredd yr Iesu a gogoniant yr Hwn sydd "yn dyfod o Edom, yn goch ei ddillad o Bosra".'[63]

Ymatebodd Sally i ddymuniadau Thomas Charles wedi iddo ei helpu yn sylweddol yn ysbrydol. Cynigiodd gynghorion gwych iddi am gariad—cynghorion a allai fod yn fuddiol i unrhyw bâr ifanc sy'n ystyried priodi eu darllen.[64]

Yn y diwedd, fel y gwelsom, Thomas Charles a dorrodd y ddadl, sy'n parhau am fisoedd lawer yn yr ohebiaeth, drwy ffarwelio â Gwlad yr Haf, wedi pum mlynedd o wasanaeth yno, ar 23 Mehefin 1783. Erbyn 18 Gorffennaf y flwyddyn honno, yr oedd yn y Bala, ac ymhen mis priodwyd hwy ill dau yn eglwys Llanycil (20 Awst 1783).

Ofnau ac ansicrwydd

Ond rhaid osgoi rhoi'r argraff fod Sally yn gwbl anghymhleth a di-boen. Roedd hi'n un a wyddai am ofnau, a thrwy'r llythyrau cawn olwg onest iawn ar ei hamheuon a'i hansicrwydd. Un o'i phryderon cynharaf oedd ei gofid ynghylch cymhellion Thomas Charles wrth iddo geisio ffurfio perthynas â hi. Yn ystod ei ohebiaeth â hi, cyfaddefa Sally droeon ei bod yn ansicr o'i gymhellion ef tuag ati. Roedd hi'n awyddus i fod yn sicr mai arni hi yr oedd wedi gosod ei fryd, ac nid ar ei harian. Hefyd yr oedd hi'n amheus iawn a fedrai hi gyflawni swyddogaeth gwraig i ŵr eglwysig. Fel hyn y dywed D. E. Jenkins:

Yr oedd nodweddion da Miss Jones yn rhoi prawf ar realiti ei deimladau ef tuag ati. Yr oedd hi'n amau, mae'n debyg, fod yr ychydig arian a oedd ganddi yn ei meddiant, neu a fyddai ganddi, yn dylanwadu rhywfaint arno wrth iddo geisio ei llaw mewn priodas; neu efallai ei bod yn ofni ei thueddfryd ei hun, heb eto weld â llygad clir, p'run a allai hi fyth obeithio setlo mewn persondy . . .[65]

Dro arall, cawn Sally yn ansicr iawn ynglŷn â'i hysgrifen a'i chywirdeb iaith, a Thomas Charles yn ei sicrhau ei fod ef wrth ei fodd â'i llythyrau, ac yn dyheu am lawer mwy ohonynt![66] Y mae hynny'n awgrymu, efallai, fod ynddi elfen o ansicrwydd seicolegol (nid peth cwbl ddieithr inni fel Cymry). Wrth gyfeirio at safon ei hiaith, meddai D. E. Jenkins: 'O ystyried cyflwr addysg yn y dyddiau hynny, a'r prinder cyfleoedd i feithrin yr iaith Saesneg mewn tref mor drwyadl Gymreig ag ydoedd y Bala, y mae'r llythyr hwn yn gryn destun syndod.'[67]

Felly, er gwaethaf yr elfen ddiymhongar ac ansicr a geir ynddynt, gwelwn fod llythyrau Sally yn dangos yn eglur mai rhywun galluog, gweithgar a chydwybodol a'u hysgrifennodd—darpar gymar addas i athro cenedl.

Perthnasol yma, efallai, yw cyffwrdd â'i chefndir addysgol. Ymwelodd ysgolion cylchynol Griffith Jones Llanddowror â'r dref chwe gwaith rhwng 1738 a 1761.[68] Felly, gan mai yn 1753 y ganwyd Sally, mae'n bosibl iawn iddi ddysgu darllen yn y Gymraeg yn un o'r ysgolion hynny pan oedd yn blentyn. Ond sut y dysgodd hi ysgrifennu Saesneg mor dda? Mae'n bosibl iawn fod ei llystad, Thomas Foulkes, wedi dysgu'r iaith iddi gan ei fod ef wedi treulio peth amser yn Lloegr, wedi dod i gredu yno wrth wrando ar John Wesley yn pregethu, ac yn arfer darllen llyfrau'r ddau Wesley.[69] Mae ei llythyrau yn llawn o gyfeiriadaeth feiblaidd Saesneg, ac yn profi ei bod yn gyfarwydd iawn â'i Beibl. Er enghraifft, wrth dderbyn trydydd llythyr Thomas Charles, mynega Sally ei gwerthfawrogiad fel hyn: '. . . as cold waters to a thirsty soul: so is good news to me from a far country.'[70] Ni ellir peidio â gwenu wrth ddarllen sylw Thomas Charles wrth gyfaill am lythyrau cynnar Sally Jones: 'Ni wn pryd y gwelais rai cystal â hwy gan fenyw.'

Enghraifft fwy arwyddocaol yw honno lle y cyfaddefa Sally ei hofn o farw, a gwelwn Thomas Charles yn cynnig cysur iddi fel un a fu drwy ofnau tebyg o'i blaen: 'Gallaf gydymdeimlo'n llwyr â thi pan ddywedi fod meddwl am Farwolaeth yn ddychryn i ti. Felly y profais innau am nifer o flynyddoedd trist. Ond drwy ddaioni helaeth fy Nhad nefol, nid hynny yw fy mhrofiad, yn gyffredinol, ar hyn o bryd.'[71]

Gwyddai Sally, o brofiad ingol, beth oedd ansicrwydd ac ofn, ond, drwy gymorth yr ohebiaeth, esbonia Thomas Charles fod yna ddau fath o ofn—ofn cywir ac ofn anghywir, ofn duwiol ac ofn cnawdol. A thrwy gymorth ffordd dyner eithriadol Charles o'i thrafod, daw i ddeall am y nerth a ddaw i ran y rhai sy'n credu, boed hynny yn wyneb amgylchiadau bob dydd (e.e. pan gaiff cymeriad ei thad ei bardduo[72]), neu yn wyneb storm.[73] Cafodd brofiad brawychus o storm pan oedd yn dychwelyd o ffair Llanuwchllyn, ar ddydd Mercher, 20 Mehefin 1781, a Richard, y gwas, yn marchogaeth o'i blaen. Cododd llif yr afon a ruthrai o'i blaen —'yr afon sy'n dod i lawr o Fwlch y Groes'. Gwelodd y dinistr a wnaed yn digwydd o flaen ei llygaid. Cafodd pum pont eu dymchwel o fewn cwmpas o ddwy filltir ac 13 o dai, a lladdwyd llawer o anifeiliaid. Ond, er gwaethaf ei hofn yng nghanol y fath ddinistr, gwelodd Sally fod ganddi hawl i ymddiried yn yr Un a addawodd roddi nerth yn ôl y dydd, ble bynnag y bo'i bobl, a'i fod Ef yn gryfach na phob amgylchiad anodd a all ddod i'w rhan.[74]

Mae'r llythyrau yn cynnig astudiaeth ddiddorol pe na bai ond am eu bod yn dangos y ffordd y trafoda'r naill a'r llall eu hofnau dyfnaf yn agored. Gwyddom fod y Seiat Brofiad yn cael lle canolog (fel y dengys *Drws y Society Profiad* gan Bantycelyn) ym mywyd y mudiad Methodistaidd, ac ar un wedd, yr hyn a gawn yn y llythyrau rhwng Sally a Thomas Charles yw ymgom breifat, eneidiol a thra gonest ynghylch materion tragwyddol. Yn y llythyrau hyn rhoddir cip inni ar rai agweddau ar y Seiat Fethodistaidd oedd, fel y gwelsom, wedi plwyfo yn y Bala er 1745.

Tybed ai un rheswm posibl am ansicrwydd Sally oedd oherwydd iddi golli ei thad naturiol pan oedd hi'n blentyn (oddeutu chwech oed), ac i hynny ddyfnhau ei hofnau yn ddiarwybod iddi hi? Mae'n anodd i ni wybod beth fyddai effaith hyn arni, ond mae'n rhesymol tybio y gallai'r golled fod wedi effeithio arni gan fod ei thad yn rhywun amlwg yn y siop a bwlch sylweddol wedi'i adael ar ei ôl. Parhaodd y bwlch hwnnw am oddeutu blwyddyn a hanner, ac yna cafodd Sally, ym mherson Thomas Foulkes, dad a fu'n driniol a gofalus iawn ohoni. Ond cafodd ef wedyn ei erlid yn achlysurol wrth 'bregethu i anwariaid ei oes'.[75] Roedd yn gyfnod arloesol a pheryglus ar brydiau yn hanes y ffydd efengylaidd, ac mae'n bosibl fod hynny hefyd wedi cyfrannu at yr elfen bryderus ym mhersonoliaeth ei lysferch.

Ar nodyn ysgafnach, roedd ganddi le i ofni'r elfen fusneslyd yn Swyddfa'r Post yn y Bala, a phan gynigiodd ei bod yn peidio ag ysgrifennu at Thomas Charles am fis, awgrymodd yntau fod cymdoges iddo ef, o'r enw Miss Ashwell, yn ysgrifennu'r cyfeiriad at Sally o hynny ymlaen, a'i bod hithau'n rhoi enw Miss Ashwell ar ei llythyrau hi ato ef, er mwyn atal 'ysbïwyr' post y Bala rhag darllen yr ohebiaeth.[76]

Rhaid pwysleisio, er ei hansicrwydd ysbrydol, nad merch ofnus a phetrus oedd Sally yn ei gweithgarwch o ddydd i ddydd. Gwelsom Pantycelyn yn ei chanmol am ei dewrder yn dod i'w gyfarfod 'trwy rym dyfroedd'. A sylwai ei chyfoeswyr ar ei hysbryd di-ofn ac anturus yn teithio milltiroedd er mwyn prynu a gwerthu nwyddau yn yr amrywiol ffeiriau a gynhelid yng Ngogledd Cymru, megis Corwen, Wrecsam a Chaer.

'Yr wyf yn ddiolchgar i ti,' meddai wrth ei dyweddi, 'am dy bryder ynglŷn â'm diogelwch yn ystod y teithiau bychain yr af arnynt o'm cartref. Ni fyddaf yn wynebu unrhyw galedi, a ble bynnag yr af byddaf yn canfod cyfeillion caredig a thynerwch mawr.'[77]

Wrth sylwi ar yr enghreifftiau a geir o fenter Sally, rhaid cofio ei bod hi'n ferch freintiedig yn ei dydd a bod ganddi weision a morynion (er enghraifft, Peggy, Gwen a Richard) at ei gwasanaeth i'w chynorthwyo i wneud ei gwaith fel siop-wraig a gwraig fusnes. Nid merch o gefndir tlawd mohoni ond un a anwyd i deulu cysurus eu byd, ac un a oedd â modd ariannol i gael cymorth morwyn i fagu ei phlant. Golygai hyn fod lle a chyfle ganddi i fyw bywyd creadigol ar ôl ei phriodas â Thomas Charles. Yn wir, gellid dadlau, gan iddi fynnu aros yn y Bala, fod ganddi gymorth perthnasau, cyfeill-ion ac eraill i'w chynorthwyo i ddilyn ei galwedigaeth fel gwraig fusnes. Felly, pan sylwn ar yr ysbryd a'r ymdeimlad 'modern' oedd ynddi—a gellid rhoi llu o enghreifftiau i brofi ei bod hi'n anturus a mentrus ei hosgo—ni ddylem golli gol-wg ar y ffaith mai merch freintiedig yn ei bro a'i chyfnod oedd hi. Mae'n bwysig cofio hynny. Fel mam brysur, cafodd gymorth i fagu'r plant (er enghraifft, gan ei morwyn, Gwen), a mantais fawr hyn oedd i ryddid masnachol Sally alluogi Thomas Charles i wneud cyfraniad o bwys, ac iddi hithau allu parhau â'i gwaith yn ddi-rwystr.

Diwydrwydd

Wedi cydnabod bod Sally Jones yn perthyn i ddosbarth breint-iedig yn ei dydd, priodol yw cydnabod hefyd ei bod hi'n cynrychioli'r egni grymus a ryddhawyd yn sgîl y Diwygiad

Methodistaidd, pryd y gwelwyd pobl gyffredin a diaddysg yn cyflawni pethau mawrion yn ystod eu bywydau. Budd-iol, efallai, fyddai inni sylwi ar ddiwydrwydd Sally. Arferai godi am oddeutu pump o'r gloch y bore i ofalu am y siop, a cheir cyfeiriad mewn un man at y gwair oedd angen ei gas-glu (ar dir oedd ganddi ar les yn y Bala).[78] Ni ellir peidio â gwenu wrth ddarllen ambell lythyr cynnar o'i heiddo at Thomas Charles, gan fod prysurdeb y busnes yn ei rhwystro rhag medru rhoi o'i hamser i'r garwriaeth. Gofynna, yn Chwefror 1781, iddo ohirio ei ymweliad â'r Bala am y tro, gan esbonio bod y tywydd yn ansicr yr adeg honno o'r flwyddyn, a bod amser prysur iawn o'u blaen gyda ffair Wrecsam ar 23 Mawrth—'fel na allwn gael dim i'w wneud â gweinidogion yn awr. Os bydd cyfle gennym, efallai y bydd-wn yn falch o wrando arnynt.'[79]

Arferai Sally godi yn blygeiniol i weithio yn y siop, yn unol â'r patrwm a gafodd gan ei rhieni pan oedd yn blentyn. Yn wir, dywedir yn *Enwogion y Ffydd* am arfer y siop yn ystod ei magwraeth: 'Codai [Thomas Foulkes] yn forau, o 4-5 yn yr haf, ac o 5-6 yn y gaeaf, yn enwedig ar forau Suliau, pan fyddai ganddo daith bell o'i flaen . . . Ar ol ei deithiau meithion yn pregethu ar y Sabboth, dychwelai Mr Foulkes adref yn hwyr, a byddai i fyny drannoeth yn ddiwyd gyda'i fasnach, mor forau a neb yn y dref.'[80]

Yna, fel gwraig i Thomas Charles a pherchennog y siop, parhaodd yr arfer o godi yn gynnar, a chasglwn fod hynny wedi dod yn batrwm i waith mawr eu bywyd. Wrth sôn am ei orchwyl yn paratoi argraffiad newydd o'r Beibl ar gyfer y wasg, mae Thomas Charles yn cyfaddef i'r deffro cynnar ei gynorthwyo i sicrhau disgyblaeth ddyddiol ac i ddwyn y gwaith i ben. Yn wir, gallwn fentro maentumio mai drwy gyfrwng y ddisgyblaeth ddyddiol honno (o weithio odd-eutu wyth i ddeg awr yn ei stydi) ynghyd â'r sicrwydd tawel fod Sally yn gwbl alluog i ofalu am y siop, y rhyddhawyd

Thomas Charles i ymroi i waith Cristnogol llawn-amser, heb
y baich dyddiol o orfod poeni am gynhaliaeth i'w deulu.
Gofalodd Sally yn llawn am hynny. O ganlyniad, 'cyflawnid
ei orchwylion seciwlar yn enw ei wraig'[81] a chawn enghraifft
o hynny yn enw'r wasg, sef 'Jones and Company'. Y 'Jones'
oedd Thomas Jones Dinbych a'r 'Company' oedd Sally![82]

Dyma eiriau Joseph Harris (Gomer) mewn cyfarfod gan y
Feibl Gymdeithas yn Abertawe wedi marwolaeth Sally:
'Gofalodd Mrs Charles gyda'r fath egni tros ei busnes fel na
fu iddo darfu ar feddwl ei gŵr yn ei stydi; ac felly mae'n
ymddangos ein bod yn ddyledus am Y Fibl Gymdeithas i
raddau pell iawn i fenyw. Petai hi wedi gofyn i'r dyn a fedd-
yliodd am y Gymdeithas ymboeni gyda materion bydol, ni
byddai Cymdeithas gennym hyd y dydd hwn.'[83]

Gofalodd Sally hefyd am agweddau ar werthiant y Beiblau
(cyhoeddiad 1804, y Bala), a chynorthwyodd gyda'r gohebu
ac ochr ariannol y wasg argraffu.[84] Gwelwn hi'n gohebu ar
ran ei gŵr pan nad oedd gartref a phan oedd yn cryfhau ar ôl
y llawdriniaeth a gafodd ar ei fawd.[85] Yn y llythyr hwnnw at
Thomas Jones Dinbych, disgrifir Thomas Charles yn hepian
wrth ei hochr wrth iddi ysgrifennu, a cheir yma enghraifft
ohoni yn dangos ei doethineb wrth awgrymu'r ffordd ym-
laen. Cadarnheir y ffaith bod Sally yn abl i ofalu am faterion
busnes ar ran ei gŵr yn ei lythyrau at y Fonesig Hunting-
don.[86] Yn eglur, felly, yr oedd yn wraig o gryn flaengaredd ac
yn ddoeth yn ei hymwneud ag eraill.[87] Oni bai amdani hi a'i
chefnogaeth ddi-dor iddo yn y cefndir, y mae'n deg inni ofyn
a fyddai Thomas Charles wedi cyflawni hanner yr hyn a gyf-
lawnodd yn ystod ei fywyd.[88]

Anawsterau

Wrth asesu cymeriad Sally, rhaid cofio na fu hi heb ei hanawst-
erau, ond dyma a ddywed Thomas Charles am eu perthynas

adeg dathlu deng mlynedd eu priodas mewn llythyr
rhamantus o Spa Fields, Llundain, yn Awst 1793: 'Rhoddodd
Ef i mi yr unig un a ddeisyfwn, ac y mae Ef wedi bendithio
ein huniad. Er na fuom heb ein hanawsterau, eto ni chawsom
hwy oddi wrth ein gilydd. Nid oes unrhyw un yn yr holl fyd
yn hapusach na mi yn y cyswllt hwn. Ni fyddwn yn cyf-
newid fy safle am Goron Ymerodrol.'[89]

Cafodd Thomas Charles a Sally ddau fab, sef David Jones
Charles a Thomas Rice Charles. Cawsant hefyd ferch a
anwyd iddynt yn nechrau Chwefror 1787 a'i bedyddio ar 17
Chwefror. Bu Sally ei hun yn symol iawn am wythnos gyfan,
oddeutu tair wythnos cyn genedigaeth y fechan, a phan
anwyd hi galwyd hi yn Sarah ar ôl ei mam. Roedd y plentyn,
er mawr dristwch i'r ddau, yn anabl o'i genedigaeth, a dyma
a ddywed Thomas Charles am gyflwr ei wraig mewn llythyr
at gyfaill i Thomas Scott, yr esboniwr, o'r enw Mr Mayor:
'Bu'n rhaid imi fyw am dros wythnos (ac yr oedd yn wyth-
nos anodd) yn cael fy nhaflu rhwng gobaith ac ofn. Yr oedd
hi wedi eiddilo a'i nerth bron â diffygio.'[90] Ac meddai D. E.
Jenkins am y cyfnod hwn: 'Cafodd Mr Charles ei ran o hel-
bulon ar ei aelwyd yn ystod y flwyddyn honno [1787] . . . yr
oedd ei ferch fach yn fethedig o'i genedigaeth . . . Bu farw ei
dad ym Mai y flwyddyn honno . . .'[91] ac yna, dair wythnos
cyn iddi gyrraedd ei phen-blwydd cyntaf, bu farw Sarah, y
baban, ar 22 Ionawr 1788. Fel hyn y disgrifia Thomas Charles
y golled a ddaeth i ran ei wraig ac yntau: 'Bu farw fy ngeneth
fach ddoe, ar ôl bodolaeth o ddeuddeng mis yn y byd hwn,
mewn cystudd a thrallod a oedd bron yn ddi-baid. O'r
diwedd cafodd angau y llaw uchaf a gwahanwyd ei henaid
oddi wrth ei chorff cystuddiedig . . .'[92]

Profedigaeth lem arall a ddaeth i'w rhan oedd colli plen-
tyn a fabwysiadwyd ganddynt. Mae'n arwyddocaol iddynt
benderfynu mabwysiadu plentyn Elizabeth Thomas, hoff
chwaer Thomas Charles y bu'n aros ar ei haelwyd pan oedd

yn astudio yn yr Athrofa yng Nghaerfyrddin. Bu farw Eliza-
beth yn nechrau Gorffennaf 1789, gan adael o leiaf bedwar o
blant yn amddifad.[93] Enw'r plentyn a fabwysiadwyd gan
Thomas Charles a Sally oedd David: daeth i fyw at ei ewythr
yn y Bala yn bedair oed. Bu'n byw gyda hwy ar eu haelwyd
yn y Bala am oddeutu deng mlynedd, a chyfrifent ef yn blen-
tyn iddynt hwy. Gallwn ddychmygu eu braw a'u gofid pan
drawyd y bachgen gan afiechyd difrifol a sigodd ei gyfan-
soddiad, gan arwain at ei farwolaeth ymhen blwyddyn.[94]

Nid oes angen manylu yma am anawsterau eraill a ddaeth
i ran Thomas Charles. Digon, efallai, yw awgrymu bod mat-
erion megis cael ei wahardd rhag swyddi (yn yr eglwys
wladol) a wynebu beirniadaeth ynglŷn â manylion orgraff y
Beibl, wrth iddo ymdrechu'n aberthol i'w gyhoeddi ar gyfer
y werin, a gofalu am gludiant y Beiblau a'r Testamentau i
Ogledd Cymru, yn faterion dwys a roddai brawf llymdost ar
ei ddyfalbarhad ef a'i gymar. Cawsant lu o drafferthion yn
eu bywyd, ond yr hyn sy'n sicr yw i'r ddau beidio â chwerwi
er gwaethaf yr adegau anodd, ac i'w hysbryd bara yn felys a
difalais er gwaethaf pob siom, poen a gwrthodiad a ddaeth
i'w rhan. Ceir tystiolaeth i Sally gefnogi ei gŵr hyd yr eithaf
yn y cyfnodau anodd hyn, ac mae'n sicr fod agwedd ymar-
ferol y ddau a'u harfer oes o edrych allan oddi wrthynt eu
hunain a'u sefyllfa uniongyrchol, gan ymddiried yng ngofal
eu Tad nefol, eu helpu'n fawr i ddod trwy'r profiadau tywyll
yn llwyddiannus. Gwelwn y pwyslais hwn drwy gydol
gweinidogaeth Thomas Charles. Credai fod rheidrwydd
arno i ddal ati gan osod ei ffydd yn Nuw ar waith yn y byd
o'i gwmpas. Nid oedd amser i laesu dwylo, ac fel y sylwodd
R. Tudur Jones, daeth eu duwioldeb a'u gweithredoedd yn
un yn eu bywyd: 'Y mae'n ymdynghedu i ymladd yn erbyn
galluoedd y tywyllwch. Y mae erthygl Thomas Charles ar
"Ymdrech" yn fynegiant croyw o'r elfen frwydrol yn ei gred.
"Ymdrech yw bywyd ffydd: os na bydd ymdrech, nid oes

yno fywyd ysbrydol: yn ôl gradd y ffydd a'r bywyd sanc-
taidd yn yr enaid, y bydd yr ymdrech."'[95] Dyma oedd yr
egwyddor ysbrydol oedd yn gyrru'r ddau ymlaen, a dyma
oedd wrth wraidd yr ymdrech galed, yn wyneb anawsterau
o bob math, i sicrhau addysg i'r werin: 'Rhaid codi ysgolion
dyddiol ac ysgolion Sul . . . rhaid creu cymdeithas i ddos-
barthu Beiblau, rhaid cyfansoddi geiriadur Beiblaidd . . . Ac
fel y bydd y llafur amrywiol hwn yn cael ei fendithio, fe fydd
mwy a mwy o bobl yn bwrw i'r frwydr, yn gwrthwynebu
cynllwynion diafol, yn mynegi arglwyddiaeth Crist yng
ngwahanol adrannau bywyd.'[96] Gyda gweledigaeth mor
fawr, nid oedd amser i anobeithio yn wyneb anawsterau!
Rhaid oedd dal ati yn ffyddiog.

Mae llwyddiant Thomas Charles i ddyfalbarhau yn wyn-
eb anawsterau yn deyrnged i'w wraig, gan y gwyddom o'r
ohebiaeth gynnar ei fod yn gwybod beth oedd iselder neu
dywyllwch ysbrydol. Dywed iddo fynd i gyflwr o iselder am
fis cyfan, pan oedd ymhell oddi wrth Sally yng Ngwlad yr
Haf, a bod Sally yn gymorth y tu hwnt i eiriau iddo.[97] Drwy'r
amgylchiadau anodd a ddaeth i'w rhan, dysgodd Sally y
gyfrinach o ddefnyddio dwy strategaeth arbennig. Ar y naill
law, gallai ddioddef cam, a'r hyn a'i cynorthwyodd i wneud
hynny, yn ôl ei chyfaddefiad ei hun, oedd meddwl am ddi-
oddefaint Crist a'r gamdriniaeth a gafodd ef ar y ddaear.[98] Ar
y llaw arall, gan osgoi peryglon tawelyddiaeth, gwyddai sut
i wrthwynebu anawsterau yn ddewr ac egnïol, gan lwyddo i
fod yn lladmerydd ffyddlon ar ran ei gŵr a'r achos mawr a
ymddiriedwyd i'w ofal.[99]

Lletygarwch

Bu Sally a'i phriod yn esiampl o letygarwch drwy gydol eu
bywyd priodasol, ac roedd hynny'n amlygiad pellach o
ymroddiad llwyr y ddau a'u hysbryd gwasanaethgar.

Cynhaliwyd yr ysgol Sul gyntaf yn y Bala yn eu cartref hwy, a hynny er gwaethaf beirniadaeth y rhai a wrthwynebai'r syniad o ddysgu plant ar y Sul.[100] Meddai David Griffith yn ei lyfr *Yr Ysgolion Sabbathol a'r Oes*: 'Yr oedd ei lafur yn neilltuol ddefnyddiol i blant a phobl ieuainc. Deallai fod llawer ohonynt yn y Bala a'i hamgylchoedd yn dra anwybodus; gan hynny gwahoddai hwynt i'w dŷ, i'r diben i'w holi a'u hyfforddi ym mhethau crefydd ar nos Sabbathau.'[101]

Estynnai Thomas Charles wahoddiad hael i gydweithwyr iddo, o bell ac agos, i aros yn eu cartref. Fel hyn y dywed wrth Robert Saunderson[102] wrth ei wahodd i gynorthwyo'r wasg newydd yn y Bala yng ngwanwyn 1803: '. . . cewch fyw yn ein tŷ heb unrhyw gostau i chi', ac roedd croeso Sally ac yntau yr un mor hael i Robert Jones Rhos-lan a Thomas Jones Rhuthun[103] a ddaeth i gynorthwyo gyda'r gwaith o baratoi'r Beibl Cymraeg ar gyfer y Feibl Gymdeithas yn 1804. 'Daw fy nghynorthwywyr o rannau pellennig o'r wlad, un ohonynt 20 milltir i ffwrdd, a'r llall hanner can milltir. Maent yn byw gyda mi yn fy nhŷ, ac yr ydym yn cydweithio nos a dydd.'[104]

Yn wir, wrth ddarllen y cofiant gan D. E. Jenkins, nid oes prinder enghreifftiau o Thomas Charles yn estyn croeso hael i wahanol gyfeillion ddod atynt i aros, a hynny yn aml am gyfnodau o rai wythnosau. Dywed mewn un man fod ganddynt bedwar gwely sbâr at ddefnydd gwahanol rai a fyddai'n dod i aros ar eu haelwyd![105] Llwyddasant, mewn modd ymarferol, i ufuddhau i'r anogaeth apostolaidd ynghylch lletygarwch, ac yn hyn o beth eto cawn gip ar weithgarwch egnïol y pâr—ym mhrynhawn a hwyr eu bywyd fel yn y bore beiddgar. Hawdd iawn y gallwn ddychmygu Thomas Charles yn byw bywyd diwyd gweinidog ac ysgolhaig ymroddgar, a Peggy Edwards, y forwyn, a Sally yn gwneud popeth o fewn eu gallu i hwyluso ac i gynorthwyo holl awyrgylch a naws yr aelwyd. Drwy ei bywyd duwiol, a fynnai le canolog i'r 'ysbryd a'r gwirionedd' yn nisgyblaeth ei bywyd beunyddiol, cyfrannodd Sally at y dasg bwysig o ddiogelu ym mywyd ei chymar yr ymdeimlad o bresenoldeb Duw— yng ngeiriau A. M. Allchin, '. . . that astonishing sense of the nearness and intimacy of God and man in Christ which lies at the heart of the Methodist movement.'[106] O ganlyniad, yr oedd Thomas Charles, fel y Diwygiwr mawr, Martin Luther, yn aml yn llefaru geiriau a oedd yn fendith i'r bobl o'i gwmpas. Hynny sy'n cael ei gadarnhau yn y ddwy linell hyn o farwnad ei gyfaill Thomas Jones:

> Yn ei dŷ, wrth fwrdd neu brydiau,
> Llawn oedd ef o nefol eiriau . . .[107]

A phan gofiwn fod Thomas Charles, yn ôl y Prifathro Derec Llwyd Morgan, wedi bod 'yn dad i foneddigeiddrwydd y werin Gristnogol Gymraeg',[108] sylweddolwn iddo gael gwraig a'i cefnogodd hyd yr eithaf i osod y grasusau hynny, a oedd mor wir amdano, ar waith yn y cartref a thu hwnt. Yr oedd ef, fel Pantycelyn, yn perthyn i draddodiad uchelwrol. Hanai o dras fonheddig yn sir Gaerfyrddin, ac roedd y bonheddwr yn amlwg ynddo. Dichon i hynny fod o gymorth iddo pan oedd rhaid iddo ennill cefnogaeth rhai fel Syr Watkin Williams Wynn,[109] y tir-feddiannwr, arweinwyr yr eglwys wladol, a rhai o dras uchelwrol dros Glawdd Offa megis y Fonesig Huntingdon.[110] Yr oedd ganddo *rapport* hefyd â rhai o ddosbarth cymdeithasol is—er enghraifft, Twm o'r Nant[111]—a gallai bontio at eraill, ar draws y sbectrwm cymdeithasol, mewn gwahanol sefydliadau seciwlar ac eglwysig. Yn hyn i gyd, llwyddodd Sally, drwy ei chefnogaeth ymarferol i'w gŵr, i fod yn gymar ymroddedig iddo yn ei strategaeth fawr o ddwyn yr efengyl i afael cynifer ag a oedd yn bosibl drwy Gymru gyfan. Yn sicr fe gyflawnwyd llawer ganddi drwy gyfrwng ei lletygarwch hynod.

Ysgrifennwyd marwnad i Thomas Charles gan Dafydd

Cadwaladr (1752-1834), o Ben-rhiw, ac yn y farwnad honno canmolir rhai o ragoriaethau Sally:

>Yn nyddiau'i hienctid, er yn foreu,
>>Yr eglwys oedd ei chartref hi;
>Ca'dd fod yn foddion gan Ragluniaeth,
>>I Charles ddod i'n cymdogaeth ni;
>Cyfoethogwyd hi â grasusau,
>>Ac amryw ddoniau'r nefoedd fry;
>I'w gorff, a'i blant, a'i ras a'i rinwedd,
>>Ymgeledd gymhwys iawn y bu.

>Fel Mair, gwrandawai Air y bywyd,
>>Fel Dorcas i'r tylawd y bu;
>Fel gwragedd duwiol Galilea,
>>Yr oedd hi'n gweini i'r Iesu cu;
>Ei thŷ, ei llaw, yn benna'i chalon,
>>Oedd helaeth iawn at achos Duw;
>Mae hynny yn Charles, ei mab, yn hynod,
>>A'i anwyl briod sydd eto'n fyw.[112]

Ei ffydd

Ond y nodwedd bwysicaf yng nghymeriad Sally, a'r hyn a'i gwnaeth hi'n ymgeledd cymwys iawn i Thomas Charles, oedd y ffaith ei bod hi'n Gristion. Dywed Thomas Charles na fyddai yn ei hystyried yn wraig addas iddo pe na bai hi'n credu:

> . . . oherwydd gallaf dy sicrhau, pe bai holl ragoriaethau dy ryw wedi'u huno ynghyd ynot, a phe bai holl gyfoeth yr India yn dy feddiant, a minnau heb reswm i gredu dy fod yn blentyn wedi dy fabwysiadu gan ein Tad nefol, nac yn perthyn i deulu Duw drwy gymorth gras Duw, na fuaswn yn gobeithio ffurfio unrhyw gysylltiad â thi. Ond gan fy mod yn

gwybod mai hynny yw dy sefyllfa ddedwydd, fy nymuniad
mwyaf didwyll a'm gweddi daer gerbron Duw yw ar imi
lwyddo, a gwn y byddaf yn llwyddo, os bydd hynny er clod
iddo Ef, ac er sicrhau ein lles a'n hapusrwydd ein dau.[113]

Ffydd Sally—ynghyd â rhoddion Rhagluniaeth iddi—oedd
cyfrinach ganolog eu priodas hapus a chyfrinach eu bywyd
hynod greadigol. Roedd ganddi ffydd yn Nuw ac yng ngall-
u'r efengyl. Gwelodd Pantycelyn y briodoledd hon yn ei
chymeriad pan ysgrifennodd y penillion hynny iddi yn 1776,
a chawn ef yn ei hannog i ddal gafael yn y rhodd fwyaf
gwerthfawr a ddaeth i'w rhan, gan ei rhybuddio'n ogystal
na fyddai'n cael bywyd heb ei drafferthion ar y ddaear. Swm
a sylwedd ei eiriau yw ar iddi ddal ei gafael ar gyfrinach
bywyd, ac mae'n pwyso arni i warchod y gyfrinach honno er
mor brysur y byddai ei bywyd yn y ffair ac yn y siop:

> Am hynny gwylia'n fanwl, oddeutu yma a thraw,
> Y gelyn gais dy gwympo yn ddiwyd ar ryw law;
> Ei ddiben yw'th ddistrywio, ac nid gwaeth ganddo fe
> I'th goncro ar yr aswy, na'th goncro ar y dde.

> Os gall e dynnu'th ffansi ar ôl rhyw falchaidd ddyn;
> Neu'th sychu at y seintiau waeth ganddo ronyn prun;
> Neu ennyn balchder tybus, neu'th oeri at y Gair,
> Neu yntau lanw'th feddwl ynghylch y Siop a'r ffair.

A'r gyfrinach i'w llwyddiant fel gwraig i Thomas Charles?
Dyma ddweud y cyfan ym mhennill olaf Williams:

> Am hynny ymwrola yn ngallu pur y nef,
> Mae uffern faith ac angau tan ei lywodraeth ef.
> Mae pechod a phob chwantau, holl nwydau calon dyn
> Yn gorfod crymu eu pennau i allu Mab y Dyn.

Fel y gwelsom uchod, duwiolfrydedd Sally yw'r nodwedd amlycaf yn ei llythyrau, ynghyd â'i thuedd, er gwaethaf ei hansicrwydd ynghylch ei pherthynas â Thomas Charles, i wneud yn fawr o'i ddawn fel cynghorwr i estyn iddi gymorth ysbrydol a fyddai'n ateb ei dyhead am sicrwydd ffydd. Mae'r llythyrau wedi eu britho ag enghreifftiau lle mae Charles yn ei hannog ymlaen yn y ffydd: 'Dos ymlaen, f'anwylyd, ymnertha yn yr Arglwydd, ac yng nghadernid ei allu ef.'[114] Ceir y teimlad cryf wrth ddarllen y llythyrau fod Sally o'r farn fod yn rhaid wrth sail ysbrydol bendant i'w bywydau unigol, cyn mentro'r cam nesaf yn ei hanes. Eto i gyd, ceir yr ymdeimlad cryf, ar adegau eraill, ei bod yn defnyddio ei hansicrwydd ysbrydol i ohirio ei phenderfyniad. Serch hynny, pan oedd diwedd ei rhawd yn agosáu, tua thair blynedd cyn ei marw, ym mis Rhagfyr 1811, ar ôl iddi gael ei tharo'n wael yn y seiat ganol wythnos,[115] cyfaddefa Thomas Charles, er ei holl gryfderau hi, iddi fod o natur ofidus, er y dewrder allanol, hyd ddiwedd ei hoes.

> Er y gallaf ei chyflwyno i'r Arglwydd, eto amharod wyf i wahanu â hi, yr un a roddodd i mi gymaint o gysur dros yr wyth mlynedd ar hugain y buom ynghyd . . . Cefais y fath brofion digonol a niferus o'i didwylledd a'i duwioldeb. Y mae'r Iachawdwr yn werthfawr ganddi, er mai'n anaml, drwy ei bywyd i gyd, y bu hi heb ei hamheuon a'i hofnau pryderus.[116]

Yr oedd ei gofidiau a'i hofnau dwys wedi parhau, i ryw raddau, hyd ddiwedd ei hoes.

Gwraig o weddi

Er ei holl ansicrwydd, cofier nad merch ifanc anaeddfed oedd Sally pan briododd Thomas Charles yn 1783. Roedd ei phen-blwydd yn 30 oed dri mis ar ôl ei phriodas ag ef yn Awst y flwyddyn honno. Eisoes, yn ei llythyrau ato cyn iddynt briodi, gwelir cryn aeddfedrwydd ysbrydol yn y mannau hynny lle mae hi'n ei annog i weddïo ynglŷn â pha agoriad i'w geisio yn yr eglwys. Er enghraifft, fe'i cawn hi ar 29 Mai 1781 yn mynegi ei dymuniad taer fel hyn: '. . .ymbiliaf arnat i beidio â gwneud hynny [sef ysgrifennu at Mr Trevor, Croesoswallt, i holi am agoriad eglwysig] yn frysiog; ond gwna'r peth yn fater o weddi daer gerbron yr Arglwydd, ar iddo Ef fod yn Arweinydd a'th gymell i wneud yr hyn sy'n rhyngu bodd iddo Ef. Pwysa arno i fod gyda thi i ble bynnag y byddi'n mynd. Maddau'r rhyddid yr wyf yn ei gymryd; rhywbeth sy'n llifo ydyw, ac ni allaf ei atal yn hawdd.'[117] Yr oedd Thomas Charles wrth ei fodd â'i hanogaeth, ac meddai yn ei lythyr nesaf (8 Mehefin 1881):

Fy hynaws anwylaf Sally . . . Yr wyf yn hapus o weld dy fod yn cael dy alluogi i fwrw dy faich ar yr Arglwydd; y mae Ef yn rasol iawn ac yn nerthol iawn ac fe gymer dy holl faich os byddi'n bwrw dy faich yn llwyr arno Ef—a rhoi i ti fendith yn y fargen am i ti ei anrhydeddu Ef yn y modd hwn. Y mae'r prawf yma yn un o'r pob peth sy'n cydweithio er daioni i ti . . .[118]

Ac ar ôl iddynt briodi, canfyddwn drwy ei llythyrau olygwedd gytbwys a deallus. Nid oedd yn caniatáu iddi ei hun gael ei llethu gan ofnau. I'r gwrthwyneb, yr oedd hi, fel ei gŵr yn benderfynol o ymddwyn yn ddewr ac anhunanol wrth iddynt gydymdrechu yn achos yr efengyl. Un nodwedd y dylem sylwi arni yw ei pharodrwydd i rannu ei gŵr ag eraill, er bod hynny yn golygu cryn boen meddwl iddi yn aml, a'r sylweddoliad fod yn rhaid pwyso ar weddi i'w chynnal yn y gwaith o fod yn wraig effeithiol i Charles ac yn fam i'w plant. (Roedd hi'n rhoi pris uchel ar freintiau a chyfrifoldebau bod yn wraig a mam, yn unol â daliadau ei *milieu* Methodistaidd.[119]) Arwyddocaol yn y cyswllt hwn yw'r ffaith eu bod yn sgwrsio am bethau ysbrydol gyda'i gilydd fel pâr priodasol,[120] a phan adawai'r cartref i fynd ar un o'i deithiai, fe weddïai drosto. O ganlyniad, roedd hi'n wraig a ddysgodd ymddiried yng ngofal Duw, fel y dengys hanesyn a adroddir gan eu cyfaill, y Parch. Thomas Jones Dinbych.

> Cafodd Mr C. ddiangfa ac ymwared rhyfedd, ar un o'i deithiau boreuol i Liverpool, trwy fod ei farch-god (*saddle-bag*) wedi cael ei roddi yn amryfus ar gwch nad oedd efe yn meddwl myned arno: bu raid iddo yntau o'r achos fyned i hwnnw, yn lle yr un yr oedd wedi bwriadu myned, os nid wedi eistedd ynddo. Aeth hwn i'r gwaelod, a boddwyd y rhai oedd ynddo. Felly yn rhyfedd y cadwodd Duw fywyd ei was! 'Y mae gweis- ion Duw yn anfarwol' (eb un) 'tra byddo ganddo ef waith iddynt ar y ddaear.' Yr oedd gan yr Arglwydd orchwyl mawr i'w was hwn: ac efe a'i cynhaliodd, ac a'i cadwodd, nes ei orphen.
>
> Ar ol y tro hwn yr oedd Mr C. wedi bwriadu ac addaw myned drachefn i Liverpool: ond yr oedd ei wraig yn dra anfoddlawn iddo fyned, ar ol bod yn y fath enbydrwydd. Y nos cyn dydd ei gychwyniad, digwyddodd i un o'u plant syrthio dros erchwyn ei wely; a bu cryn ddychryn o'r achos, gan eu bod yn ofni ar y cyntaf fod asgwrn ei fraich wedi torri: etto yn llai na'u hofnau y bu effaith y codwm. Ond effaith y tro ar ei meddyliau hi oedd, y gallai yr Arglwydd ddewis ei farn a'i gerydd, i'w rhoddi arnynt gartref, yn gystal ag oddi cartref: ac am hynny, eb hi, mi a'ch rhoddaf yn ei law ef, i wneuthur a fynno â chwi, yn nilyniad ei wasanaeth ar dir a thros for. Ac i'w daith yr aeth efe yn ol ei fwriad a'i addewid.[121]

Crynhoi

Personoliaeth lawn a phrofiadol oedd Sally Jones pan briod- odd Thomas Charles, a chymeriad annibynnol a lliwgar. Ac fe sylweddolai Thomas Charles hynny wrth iddo geisio ei ddarbwyllo i'w briodi. Meddai wrthi mewn llythyr yn Ionawr 1780: 'Nid wyf yn amau am funud nad yw "rhyddid a breint- iau dy stad bresennol yn annwyl a gwerthfawr"; a byddai'n wironeddol ddrwg gennyf pe bawn i yn gyfrwng i leihau dy freintiau mewn cyswllt â'r naill neu'r llall . . .'[122]

Yn wir â Thomas Charles ymlaen i'w sicrhau y gallai perthynas briodasol ei rhyddhau ymhellach. Ac y mae'r dystiolaeth o'r blynyddoedd a ranasant â'i gilydd yn awgrymu iddynt lwyddo yn eu priodas i ddiogelu rhyddid cywir y naill a'r llall gan barhau i ymddiried yn ei gilydd a pharchu a charu ei gilydd hyd y diwedd. Yng ngeiriau cofiadwy R. Tudur Jones, 'Un o garwriaethau mawr Cymru oedd honno rhwng y ddau. Syrthiodd mewn cariad â hi pan welodd hi gyntaf pan oedd ef ar ymweliad â'r Bala yn haf 1778 ac yr oedd yn dal mewn cariad â hi wedi iddi gael ei hail strôc yn Nhachwedd 1811 a'i chorff lluniaidd wedi ei barlysu a'i chof yn pallu.'[123]

Y mae amrywiaeth mewn undod yn cael ei amlygu'n glir drwy fywydau'r ddau. Calondid yw darllen am bâr mor greadigol eu hosgo yn rhoi cyfle hael i'r naill a'r llall mewn bywyd. Dichon na fyddai Sally Jones wedi bod yn hapus a bodlon pe bai wedi gorfod gadael ei chartref, ei theulu, ei chymdogaeth a'i bro, heb anghofio'r siop a etifeddodd. Cofiwn, serch hynny, fod tystiolaeth yn y llythyrau cynnar y dychmygai Thomas Charles y byddai ymhen tipyn yn dychwelyd i Loegr. Prin y dychmygai wrth fentro i'r Bala yn haf 1783 mai yno y byddai'n treulio gweddill ei fywyd, ar wahân i adegau neilltuol megis y cyfnodau o chwech i wyth wythnos a dreuliai yn Spa Fields, Llundain, ac Abbey Green, Caer, yn gweinidogaethu a chynghori.

* * * * *

Cawsom gip ar hanes bywyd a chyfraniad Cymraes hynod o'r Bala. Mae'n wir inni weld rhai elfennau sy'n ein taro ni heddiw, efallai, yn elfennau braidd yn anghyfarwydd a dieithr. O dan yr allanolion anghyfarwydd, fodd bynnag, y mae elfennau eraill, pwysicach, sy'n berthnasol ac ystyrlon i deulu'r ffydd ym mhob oes ac amgylchiad.

Yr oedd y dadansoddi eneidiol a welwn yn y llythyrau yn

rhan o'i diwylliant crefyddol hi, fel y gwelwn yn hanes y
Seiat Fethodistaidd. Cofnododd D. E. Jenkins y dystiolaeth
sy'n dangos na lwyddodd i orchfygu ei hofnau'n llwyr. Eto,
er i'w gofid a'i thuedd ofnus fod yn rhan o'i natur hyd y
diwedd, fe gaed ystyr arbennig iawn i'w bywyd. Felly, wrth
edrych yn ôl, fe welwn fod arwyddocâd ac urddas Duw-
roddedig wedi nodweddu ei bywyd, a'i bod hi, drwy ei
phenderfyniad i ddefnyddio ei thalent mewn busnes hyd yr
eithaf, wedi cyflawni rôl unigryw yn hanes twf yr eglwys
Gristnogol yma yng Nghymru. Hefyd, drwy waith ei gŵr
gyda'r Feibl Gymdeithas Brydeinig a Thramor, gwelwn ei
bod hi wedi cyfrannu i waith Duw ar raddfa ehangach mewn
gwledydd eraill. Glynodd yn driw i'w thalent a'i doniau, a
thrwy hynny bu'n gyfrwng i hyrwyddo'r efengyl. Hi oedd y
cyfrwng i dynnu Thomas Charles i mewn i Anghydffurfiaeth
Gymreig a'i angori yn niwylliant gwerinol cefn gwlad Cymru.
A chan nad oedd sefydliadau addysgol fel ysgolion uwchradd
a chynradd a cholegau yn bethau cyffredin yng Nghymru'r
dwthwn hwnnw, cafodd Thomas Charles bob rhyddid i roi
ei alluoedd ysgolheigaidd ar waith. O ganlyniad, gyda'i chym-
orth hi a'i dawn fasnachu, ac yntau yn y stydi yng nghefn y
tŷ, llwyddodd i roi yn nwylo pobl ei wlad drysorau ysbrydol
fel argraffiadau newydd o'r Beibl, y *Geiriadur* a'r *Hyfforddwr*.
Yn wir, nid gormodedd yw dweud fod Thomas Charles—
gyda chynhaliaeth ei gymar diwyd—wedi cyflawni swydd-
ogaeth Athrofa i werin dlawd ei ddydd. Fel y dywedir droeon
amdano yng nghyfrolau D. E. Jenkins, ato ef yr oedd y werin
yn troi am gymorth a Beiblau. Profodd wrthodiad o du'r
sefydliad eglwysig, ond, trwy ragluniaeth garedig, roedd
Sally a'i siop yn rhoi pob rhyddid iddo ddilyn llwybr arall,
gyda'r Anghydffurfwyr, i wasanaethu pobl Cymru.[124]

Yn y *Geiriadur*, dywedir, 'Duw wedi creu y dyn a ddyw-
edodd, "Nid da bod dyn ei hunan, gwnaf iddo ymgeledd
(*Heb. cymhorth*) cymhwys iddo." '[125] Ac wrth esbonio'r geiriau

'gwraig rinweddol', ysgrifennodd Thomas Charles, '. . . gwraig gall, ddiwair, ffyddlon, dduwiol'.[126] Gwelsom fod Sally wedi bod yn ymgeledd cymwys i'w gŵr (fel y bu yntau'n gymar addas i'w hanghenion hithau), ac mae ein dyled iddi, o'r herwydd, yn ddifesur. Ni fyddai ein hanes wedi bod yr un fath, o bell ffordd, heb ei gwaith a'i hymroddiad cwbl arbennig.

Y mae gennym bob lle i gredu iddynt fod yn ddau unol drwy gydol eu bywyd priodasol. Yn y llythyru a fu rhyngddynt gwelwn hwynt yn rhannu cyfrinachau dyfnaf eu heneidiau. Nid dau yn byw bywyd ynysig oeddynt, ond dau oedd yn manteisio'n llawn ar yr hyn oedd gan y naill a'r llall i'w gynnig i'w gilydd, a'r hyn oedd ganddynt gyda'i gilydd, a than wenau'r nef, i'w gynnig i'w cymuned, eu gwlad a'u byd. Daniel Rowland a ddywedodd mai 'Rhodd yr Arglwydd i'r Gogledd ydyw Charles',[127] ac nid gormodiaith fyddai dweud mai rhodd Duw yn ddiymwad i Thomas Charles oedd Sally Jones.

Ar ôl cyfnod o afiechyd ym mlynyddoedd olaf ei bywyd, pryd y bu ei phriod yn fawr ei ofal ohoni, bu Sally farw ar 24 Hydref 1814,[128] ymhen ychydig llai na thair wythnos ar ôl marwolaeth yr un y bu hi'n cydymdrechu ag ef mor ddyfal yn 'hardd-deg ymdrech y ffydd'. Ac ar eu carreg fedd ger mur dwyreiniol yr eglwys yn Llanycil, filltir o ddrws eu hen gartref daearol, ceir y disgrifiad hwn: 'Fe'i doniwyd hi â phob talent naturiol a gras dwyfol, ac yr oedd yn ymgeledd cymwys yn wir i'r dyn, y Cristion a'r gweinidog.' Ac ar yr un garreg fe naddwyd y geiriau a gymerwyd o'r llyfr y gwnaeth Thomas Charles a Sally, gyda'i gilydd, gymaint â neb i'w sicrhau i'w cyd-Gymry ac i genhedloedd y byd: 'Cariadus ac annwyl oeddynt yn eu bywyd, ac yn eu marwolaeth ni wahanwyd hwynt.'

Nodiadau

1 'Prin mae angen enghreifftio meistrolaeth Charles ar y testun Cymraeg. Nid gormodiaith fyddai honni mai efe yw'r meistr mwyaf arno a gawsom hyd yn hyn.' R. Tudur Jones, 'Diwylliant Thomas Charles o'r Bala', *Ysgrifau Beirniadol*, IV (Dinbych, 1969), 106.

2 Gw. Morris Davies, *Cofiant Ann Griffiths* (Dinbych, 1908), 46-8.

3 e.e. Joseph Evans, *Biographical Dictionary of Ministers and Preachers* (Dinbych, 1907), 20.

4 Gw. D. E. Jenkins, *The Life of the Rev. Thomas Charles, B.A., of Bala* (Dinbych, 1908).

5 Ibid., I, 146.

6 R. Tudur Jones, *Thomas Charles o'r Bala: Gwas y Gair a Chyfaill Cenedl* (Caerdydd, 1979), 21.

7 Gw. *Yr Act o Bwyso Aur, a osodwyd allan mewn trefn ysprydol, mewn dull o ymddiddan; ac a fwriadwyd er mwyn budd i bob un ag sydd â dim gantho i wneuthur ag arian; ac er lleshad i'r cyfryw nad y'nt yn ewyllysio i'w twyllo yn y pethau mwyaf pwysfawr. Ym mha un yr amlygir y drefn oreu i adnabod pob twyll, ac i brofi a sicrhau pris cywir a chyfreithlon arian. Gan T.C.* (Caerfyrddin, 1775). Gw. William Rowlands ('Gwilym Lleyn'), *Cambrian Bibliography* (Llanidloes, 1869), 563-5.

8 D. E. Jenkins, op. cit., I, 143.

9 Gildas Tibbott, 'Sally Jones' First Letters to Thomas Charles', *Cylchgrawn Cymdeithas Hanes Methodistiaid Calfinaidd Cymru*, XXXI (Mehefin, 1946), 39. Yn Saesneg y gohebai'r ddau â'i gilydd.

10 D. E. Jenkins, op. cit., I, 143.

11 R. Tudur Jones, op. cit., 18.

12 Gw. John Peters a Gweirydd ap Rhys (goln.), *Enwogion y Ffydd*, Cyfrol 2, 331-3, a D. E. Jenkins, op. cit., I, 586-7.

13 Bu farw ei mam ychydig fisoedd ar ôl hynny (Hydref 1785), ac fel hyn y cyfeirir ati yn y cofnodion claddu: 'Jane Jones Bala October 28, 1785, Buried', sy'n dangos ei bod hithau, fel y pwysleisia D. E. Jenkins, wedi glynu at ei chyfenw morwynol, yn ôl traddodiad Gogledd Cymru, er iddi briodi ddwy waith. Gw. D. E. Jenkins, op. cit., I, 543.

14 D. E. Jenkins, op. cit., III, 341, 343.

15 Yn 1748, er enghraifft, derbyniwyd £200 yr wythnos am sanau. Erbyn
    1780, roedd y fasnach honno wedi mwy na dyblu i £500. Gw. M. J.
    Jones, 'Meirioneth Woollen Industry from 1750 to 1820', *The Transactions
    of the Honourable Society of Cymmrodorion*, Session 1939 (Llundain, 1940),
    181-208.

16 Ibid., 199.

17 Yn ôl yr erthygl uchod: 'Masters and men alike in the fulling mills, the
    weaving sheds, and the yarn factories were able to turn their hands to
    agricultural work when orders for their particular craft was slack.' Ibid.,
    181.

18 Yn ôl Iolo Morganwg, yn dilyn ei ymweliad ef â'r dref yn 1799 a 1800,
    roedd yno 177 o dai o bob math, gw. *Cylchgrawn Cymdeithas Hanes Sir
    Feirionnydd,* Cyfrol 5, 242. Dywed R. T. Jenkins, yn *Hanes Cymru yn y
    Ddeunawfed Ganrif* (Caerdydd, 1931), 2, y gellir defnyddio fformiwla
    megis rhif y tai x 5 i ganfod yn fras beth oedd maint y boblogaeth. Felly,
    177 x 5 = 885 o boblogaeth. (Gellir rhagdybio bod rhai o'r adeiladau yn
    siopau.)

19 Ernest Sandberg, *Bala and Penllyn: A Case Study* (traethawd anghyhoedd-
    edig), Archifdy Gwynedd, 59.

20 Rhys Tudur, *Ddoi di am dro i'r Bala?* (Parc Cenedlaethol Eryri, 1993), 16.

21 M. J. Jones, op. cit., 199.

22 Cawn ddisgrifiad byw o'r ymosodiad, a ddigwyddodd ar drydydd ym-
    weliad Harris â'r Bala, yn 'Ymddiddan rhwng Scrutator a Senex', *Y
    Drysorfa Ysbrydol,* I (1799), 33-6; adgynhyrchwyd yn William Williams
    (Glyndyfrdwy), *Methodistiaeth Dwyrain Meirionydd* (Y Bala, 1902), 39-43.

23 Codwyd y capel presennol (Capel Tegid) yn 1866 ar gost o £4000 o bun-
    noedd, gw. D. Francis Roberts a Rhiannon Francis Roberts, *Hanes Capel
    Tegid, Y Bala* (Y Bala, 1957).

24 A saith mlynedd cyn iddi briodi, yn ôl Gomer M. Roberts, *Y Pêr
    Ganiedydd* (Aberystwyth, 1949), 157n.

25 Gw. *Cylchgrawn Cymdeithas Hanes y M.C.,* II (1918), 71-2. Cofier nad
    dyma'r unig dro i Bantycelyn ddanfon penillion at Sally. Mewn llythyr
    a anfonodd hi at Thomas Charles yn niwedd 1781, dywed Sally: 'Cefais
    farddoniaeth o Dde Cymru yn ddiweddar. Nid oes gennyf amser i'w
    hestyn i lawr; ond fe drosglwyddaf rai llinellau sydd yn fy meddwl . . .'
    D. E. Jenkins, op. cit., I, 307.

26 Gomer M. Roberts, op. cit., 151.

27 e.e. D. E. Jenkins, op. cit., I, 543.

28 Edward Thomas, *Y Parch. Thomas Charles, B.A., Bala* (Caernarfon, 1904),
    56.

29 Gw. Gomer M. Roberts, op. cit., 151.

30 Gw. Edward Morgan, *A Brief History of the Life and Labours of the Rev. T. Charles* (Llundain, 1828), 76. Gw. hefyd Edward Morgan (gol.), *Essays, Letters, and Interesting Papers of the Late Rev. Thomas Charles* (Llundain, 1836): teitl argraffiad cyfredol y gyfrol hon yw *Thomas Charles' Spiritual Counsels* (Caeredin, 1994).

31 Gw. D. E. Jenkins, op. cit., I, 243.

32 Ibid., I, 162.

33 Edward Thomas, op. cit., 7.

34 D. E. Jenkins, op. cit., I, 293.

35 Ibid., I, 146-7.

36 'Cariai y fam fasnach yn mlaen yn y Bala, yn y siop y buasai yr hen Charles, neu, yn hytrach, ei wraig ddiwyd a darbodus, Sarah, yn ei chadw am dros ugain mlynedd.' Thomas Charles Edwards, *Bywyd a Llythyrau y Parch. Lewis Edwards, D.D.* (Lerpwl, 1901), 192.

37 'Un diwrnod yr wythnos hon bûm yn ymweld â nifer o gleifion, un yn dioddef o'r diciâu, un o'r dropsi ac afiechydon eraill . . .' D. E. Jenkins, op. cit., I, 339.

38 D. E. Jenkins, op. cit., I, 231.

39 D. E. Jenkins, op. cit., II, 461.

40 Yn Llyfrgell Coleg Prifysgol Cymru, Bangor, ceir cyfeiriad at 'Grocery and Drapery', o dan enw'r ferch-yng-nghyfraith, Maria Charles, yn *Pigot and Company's National Commercial Directory*, 1828-9 a 1835.

41 D. E. Jenkins, op. cit., I, 162. Cf. I, 460.

42 Ibid., II, 448-9.

43 Gw. Gildas Tibbott, 'Sally Jones' First Letters to Thomas Charles', *Cylchgrawn Cymdeithas Hanes M.C.*, XXXI (Mehefin 1946), 39.

44 Ibid., 43.

45 R. Tudur Jones, op. cit., 18.

46 Daw'r geiriau o ail lythyr Sally, gw. Gildas Tibbott, op. cit., 40.

47 D. E. Jenkins, op. cit., I, 195-6.

48 Ibid., I, 204.

49 Ibid., I, 202-3.

50 Ibid., I, 196.

51 e.e., ail lythyr Sally yn Gildas Tibbott, op. cit., 40.

52 D. E. Jenkins, op. cit., I, 200.

53 Ibid., I, 196.

54 Ibid., I, 163.

55 Ibid., I, 243.

56 Ibid., I, 247.

57   Llythyr cyntaf Sally Jones, gw. Gildas Tibbott, op. cit., 39.
     Defnyddiai Thomas Charles amrywiol strategaethau i geisio perswadio
     Sally y byddai priodi yn beth bendithiol. Er enghraifft, ar ôl iddo dder-
     byn llythyr oddi wrth John Newton, yr emynydd o Olney, yn cymerad-
     wyo priodas fel stad fanteisiol i weision Duw, gwelwn Thomas Charles
     yn un o'i lythyrau at Sally, 25 Rhagfyr 1780, yn dyfynnu o lythyr New-
     ton, gw. D. E. Jenkins, op. cit., I, 228.
58   Ibid., I, 145.
59   Ibid., II, 69.
60   Ibid., I, 146.
61   Ibid., I, 221.
62   Ibid., I, 224.
63   Ibid.
64   Ibid., I, 226.
65   Ibid., I, 155-6.
66   Ibid., I, 254.
67   Ibid., I, 163.
68   Rhys Tudur, op. cit., 6.
69   'Yr oedd Foulkes yn arfer darllen llawer o lyfrau y ddau Wesley, a
     theimlai awydd i'w gydwladwyr fwynhau yr un fraint . . . Cyhoeddodd
     ddwy bregeth o waith Charles Wesley ar y cyd a chyfaill—"Deffro di,
     yr hwn wyt yn cysgu" a "Bydd barod, Israel, i gyfarfod a'th Dduw"'.
     John Peters a Gweirydd ap Rhys, op. cit. Gw. hefyd D. E. Jenkins, op.
     cit., I, 144-5.
70   Ceir llu o enghreifftiau eraill lle mae Sally yn adleisio'r Ysgrythur.
71   D. E. Jenkins, op. cit., I, 157.
72   Ibid., I, 269.
73   Ibid., I, 275-6.
74   Ibid., I, 278.
75   John Peters a Gweirydd ap Rhys, op. cit., 331.
76   D. E. Jenkins, op. cit., I, 364-6.
77   Ibid., I, 329.
78   Ibid., I, 261; II, 124.
79   Ibid., I, 246-7.
80   John Peters a Gweirydd ap Rhys, op. cit., 332.
81   D. E. Jenkins, op. cit., II, 473.
82   Ibid., 473, 476.
83   Ibid., III, 549. Dyfynnir gan R. Tudur Jones, *Thomas Charles o'r Bala*, op.
     cit., 21.
84   D. E. Jenkins, op. cit., II, 318; III, 71, 73.

85 Ibid., II, 319.
86 Gw. Edwin Welch, 'Letters to Lady Huntingdon', *Cylchgrawn Cymdeithas Hanes Methodistiaid Calfinaidd Cymru*, LVII (1972), 45; hefyd Edwin Welch, 'Letters of Thomas and Sarah Charles, 1789-92', *Cylchgrawn Cymdeithas Hanes*, I (1977), 22.
87 Gw. D. E. Jenkins, op. cit., III, 80, 100-1.
88 Ibid., III, 549.
89 Ibid., II, 123.
90 Ibid., I, 568.
91 Ibid., I, 577.
92 Ibid., I, 588-9.
93 Ibid., II, 44.
94 Ibid., II, 242-3.
95 R. Tudur Jones, 'Diwylliant Thomas Charles o'r Bala', op. cit.,111.
96 Ibid., 111-2.
97 D. E. Jenkins, op. cit., I, 233.
98 Ibid., I, 269.
99 Ceir enghreifftiau ohoni yn amddiffyn enw da ei gŵr yn D. E. Jenkins, op. cit., III, 72.
100 Ibid., II, 1.
101 David Griffith, *Yr Ysgol Sabbathol a'r Oes* (Wrecsam, 1858), 24.
102 Ef a briododd Rebecca, nith i Thomas Charles.
103 Cysylltir eu henwau â'r lleoedd hyn yn ddiweddarach yn eu bywyd.
104 D. E. Jenkins, op. cit., II, 541.
105 Ibid., III, 443.
106 A. M. Allchin, *Praise Above All: Discovering the Welsh Tradition* (Caerdydd, 1991), 116.
107 Thomas Jones, *Cofiant . . . y Parch. Thomas Charles . . . [a] Marwnad ar yr Achos* (Y Bala, 1816), 247.
108 Derec Llwyd Morgan, 'Thomas Charles: "Math Newydd ar Fethodist"', *Y Gair a'r Genedl: Cyfrol deyrnged i R. Tudur Jones*, gol. E. Stanley John (Abertawe, 1986), 184.
109 D. E. Jenkins, op. cit., III, 564.
110 Gw. Edwin Welch, *Spiritual Pilgrim: A reassessment of the life of the Countess of Huntingdon* (Caerdydd, 1995).
111 Cf. Goronwy P. Owen, *Methodistiaeth Llŷn ac Eifionydd* (Abertawe, 1978), 206. Gw. hefyd D. E. Jenkins, op. cit., II, 387-8; III, 416-7.
112 Dau bennill yn unig yw'r rhain o'r farwnad a welir yn Edward Thomas, *Y Parchedig Thomas Charles, B.A., Bala* (Caernarfon, 1904), 83.
113 D. E. Jenkins, op. cit., I, 157.

114 Ibid., I, 227.

115 Gw. llythyr Thomas Charles at Mrs Foulkes, 16 Rhagfyr 1811, ibid.

116 Gw. llythyr Thomas Charles at Mrs Foulkes, 2 Rhagfyr 1811, ibid.

117 D. E. Jenkins, op. cit., I, 270.

118 Ibid., I, 271.

119 Gw. Archibald Alexander, 'Counsels to Christian Mothers', *Thoughts on Religious Experience* (Caeredin, 1978; argraffwyd gyntaf yn 1844), 318-32.

120 e.e., ibid., I, 438.

121 Thomas Jones, *Cofiant . . . Thomas Charles . . .* (Bala, 1816), 227-8.

122 D. E. Jenkins, op. cit., I, 149.

123 R. Tudur Jones, *Thomas Charles o'r Bala*, op. cit., 17.

124 Ceir hanes gwrthodiad yr eglwys sefydledig, a Thomas Charles yn dewis Cymru, fel y cymerodd ei wraig, 'er gwell er gwaeth, hyd oni'n gwahano angau', yn John Morgan Jones a William Morgan, goln., *Y Tadau Methodistaidd*, II (Abertawe, 1897), 176; cf. yr erthygl ar Thomas Charles yn John Parry (gol.), *Y Gwyddoniadur Cymreig*, II (Dinbych, 1869), 327-32.

125 *Geiriadur Ysgrythurol*, *s.n.*, 'Efa'.

126 Ibid., *s.n.*, 'Rhinweddol'.

127 Gw. John Hughes, *Methodistiaeth Cymru . . .* (Wrecsam, 1851), I, 329.

128 D. E. Jenkins, op. cit., III, 548-9.

Islwyn: Y Dyn Bach Mawr
gan Gwyn Davies. 56tt.

Cyflwyniad difyr a threiddgar i un o feirdd pwysicaf
Cymru sydd hefyd yn rhoi sylw iddo fel Cristion a
phregethwr, ac yn taflu goleuni ar dueddiadau
arwyddocaol ym mywyd crefyddol
Cymru ei gyfnod.

Yr Efengyl yn y Wladfa
gan Robert Owen Jones. 56tt.

Llyfr sy'n rhoi cipolwg ar hanes Cristnogaeth yn y Wladfa
ym Mhatagonia dros y blynyddoedd. Dangosir pa mor
bwysig i'r arloeswyr cynnar oedd eu ffydd yn Nuw,
beth oedd canlyniadau'r dirywiad ysbrydol ymhlith
eu dilynwyr a beth yw problemau a gobeithion
yr eglwysi Cymraeg yno heddiw.
Digon o luniau a ffotograffau.

Meddiannu Tir Immanuel:
Cymru a Mudiad Cenhadol y Ddeunawfed Ganrif
gan Dewi Arwel Hughes. 60tt.

Golwg ar arweinwyr crefyddol amlwg a'u gweledigaeth
genhadol, pobl megis Pantycelyn a Thomas Charles.
Ceir sôn hefyd am John Evans a'r Indiaid Cochion
Cymreig, Morgan John Rhys a John Davies a fu dros
hanner canrif yn Tahiti bell, ac am eu cyfraniad i un o'r
symudiadau pwysicaf a fu erioed yn hanes y byd.